KB250152

실시간

여행중국어

중국어교재연구원 엮음

김련란 · 方昌植 감수

C·O·N·T·E·N·T·S

PART 3 레스토랑

PART 4 교통

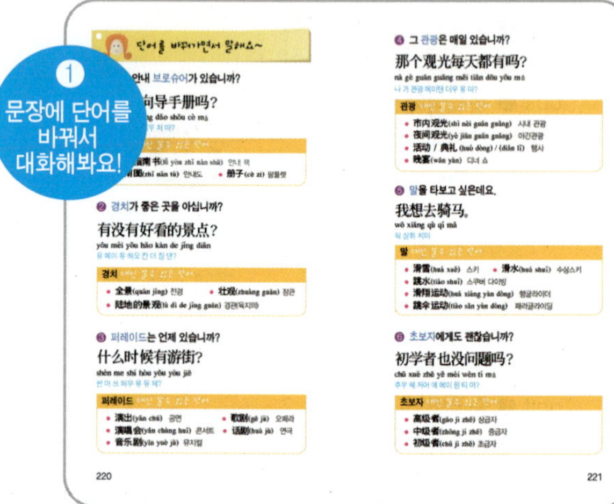
단어를 바꿔가면서 말해요~

1
문장에 단어를
바꿔서
대화해봐요!

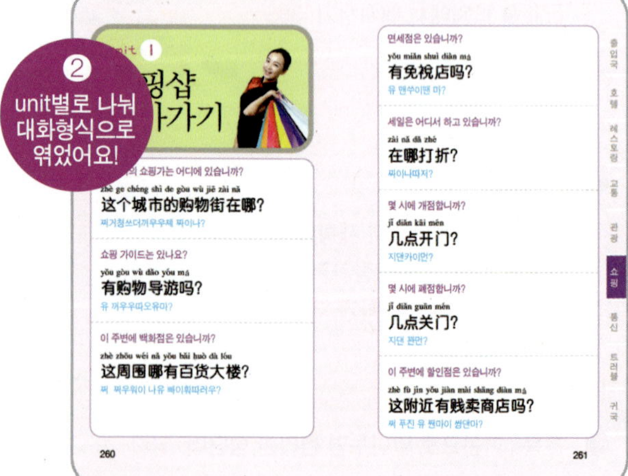
2
unit별로 나눠
대화형식으로
엮었어요!

각종 사고와 여행자 보험 Tip

교통사고 발생 시

❶ 110에 신고한다.(경찰을 부르는 응급 전화번호)
❷ 현장보호
사고 차량을 움직였다는 것만으로 100%의 과실로 인정받을 수도 있기 때문에 사고차량을 움직이지 말고 경찰이 올 때까지 기다리도록 한다.(타이어 4개 위치 표시)

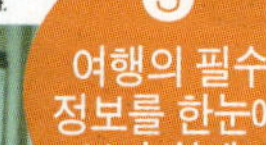

❸ 사고책임판정
중국 교통사고에서 가장 중요한 것은 경찰이 도착 당시 사고 현장의 모습이 가장 중요하다. 공안이 사고 현장을 파악, 간략한 현장도를 그리고 사고 책임을 확정, 사인이 끝나면 기정사실이 되는 것이므로 신중하게 한다.

※ 언어가 잘 통하지 않는 단점이 있으므로 현장 보존에 특히 신경 쓴다.
※ 경찰이 제시한 사고 합의서에 사인할 때 어의가 있을 경우 사인을 하지 않아도 된다.

❹ 보험회사 신고
사고 발생 후 48시간 이내에 보험사에 신고를 해야 보험처리를 받을 수 있다.
❺ 정비소 손해비용 산정
보험사에서 파손상태를 확인하고 손해비용을 산정, 정비소에 의뢰한다. 2대 이상 차량 사고 시에는 차량손상확인센터를 찾아 사고 차량 사진 촬영 후 정비소에 의뢰한다.
❻ 보상금액 확인 및 확정

342

❶ 차량수리
차량 수리비용은 차량주가 먼저 결제 후 관련 영수증과 수리금액을 보험사에 제출하여 보험금을 돌려받는다.
❷ 보험청구
운전면허증, 차량운행증, 건강검진서, 여권, 은행계좌, 강제보험증명서 등 정비소의 수리 영수증, 수리내역, 차량손상 확인서, 교통경찰 사고 증명서 등

사고를 줄이는 법

● 현지인과 너무 차이나는 복장과 시치품, 고가품 등은 범행 대상이 될 수 있다.
● 현지 사정을 잘 모르면서 혼자 여행하는 것은 위험하므로 현지인과 동행하는 것이 좋다.
● 눈에 뛰는 행동으로 범행 대상이 되지 않는다.
● 터미널이나 유흥가 주변 등은 날치기가 많은 곳으로 머무는 시간을 최소화한다.
● 현지 법률을 위반하는 행위를 하지 않는 것이 범죄 피해를 줄이는 방법이다.
● 여행자들은 현지 실정과 지리에 약하므로 밤에 아무 곳이나 돌아다니지 않는다.
● 현지인을 무시하는 행동과 말을 삼가야한다.
● 사용 중인 스마트폰을 낚아채 뒤쫓다가 소매치기 일당들에게 폭행당한 사례도 있다.
● 가방을 열어두거나 외투의 호주머니에 물건을 넣어두지 않는다.

343

③ 여행의 필수 정보를 한눈에 보기 쉽게~

POINT WORDS

情报 (qíng bào) 칭빠오		정보
观光 (guān guāng) 관꽝		관광
有趣的 (yǒu qù de) 유취더		흥미있는
参加 (cān jiā) 찬쟈		참가하다
打折 (dǎ zhé) 따저어		할인
庆典 (qìng diǎn) 칭뎬		축제
每天 (měi tiān) 메이톈		매일
结束 (jié shù) 제수		끝나다
引导者 (yǐn dǎo zhě) 인따오저		인도자
山 (shān) 산		산
了望台 (liào wàng tái) 랴오왕타이		전망대
建筑物 (jiàn zhù wù) 졘주우		건물
生活 (shēng huó) 셩후어		살다
行进 (xíng jìn) 싱진		행진
照片 (zhào piàn) 짜오퍈		사진

254

POINT WORDS

明信片 (míng xìn piàn) 밍씬폔		엽서
纪念品 (jì niàn pǐn) 지녠핀		기념품
原来的 (yuán lái de) 왠라이더		원래의
入场 (rù chǎng) 루창		입장
费用 (fèi yòng) 페이융		요금
大人 (dà ren) 따런		어른
学生 (xué shēng) 쉐셩		학생
团体 (tuán tǐ) 퇀티		단체
画 (huà) 화		그리다
重新入场 (chóng xīn rù chǎng) 충씬루창		재입장
内部 (nèi bù) 네이뿌		내부
出现登场 (chū xiàn dēng chǎng) 추셴덩창		나타나다
歌舞剧 (gē wǔ jù) 꺼우쥐		뮤지컬
古典的 (gǔ diǎn de) 꾸뎬더		고전적인
打折 (dǎ zhé) 따저어		할인

255

④ 꼭 알아야할 단어들을 총정리~

7

수도 : 베이징(북경)
언어 : 중국어(방언 및 소수민족언어 존재)
인종 : 한족, 55개 소수민족
종교 : 불교, 도교, 이슬람교, 그리스도교

● 치안상태

대도시를 중심으로 치안은 안전한 편이지만 폭행피해 사건도 종종 발생하니 현지인과 불필요한 마찰은 피한다. 특히 절도피해가 지속적으로 일어나고 있으니 뒷주머니에 지갑을 넣거나 이어폰으로 음악을 들으면서 가는 것은 소매치기의 표적이 되기 쉽다.

● 문화차이

중국인하면 만만디(천천히)를 이야기 한다. 행동이 느리고 느슨함을 생각할 수 있지만 사실은 인내심이 강하며 신중함의 다른 표현이다. 최대한 이익이 발생할 때까지 끈기 있게 기다리는 것이 중국인의 스타일인 것이다. 중화사상(세계의 중심이 중국을 중심으로 이루어진다는 민족사상)에서 알 수 있듯이 문화적 우월감이나 자부심이 대단하고 자존심이 강하므로 상대를 최대한 배려한다. 자기의 이익과 관계없는 일에는 철저히 외면하는 개인주의이며 외향적인 면보다는 실질적인 것을 더 중요하게 생각한다.

● 여행최적기

베이징의 경우 가을이 최적기이고 중국의 구정, 노동절, 국경절 연휴는 모든 관광지가 인산인해를 이루므로 이 시기는 피하는 것이 좋다. 황사의 영향이 적은 남부는 봄과 가을이 여행의 최적기이다. 홍콩의 여행 최적기는 10~11월이고 쇼핑을 목적으로 홍콩을 방문할 계획이라면 연말과 구정세일이 있는 12월과 2월 사이에 대대적인 이벤트와 할인행사가 있다.

● 전압

220v 50Hz로 노트북과 충전기 사용에 무리가 없으나 모터 구동제품(드라이기 등)은 프리볼트 제품을 챙기거나 주파수 문제로 고장 날 수 있으니 오래 사용하지 않는다.

● 인터넷사용

중국의 PC방을 '왕바' 라고 한다. 미성년자는 출입금지로 신분증 검사가 철저해 여권을 지참해야 한다. 이용 방법은 조금씩 다르지만 좌석이나 시간대에 따라 가격차가 있다.

여권과 비자

여권은 국적과 신분을 증명하는 신분증으로 외국 여행 시 여권을 소지할 의무가 있다.

여권발급(전자, 복수여권 기준)

본인이 직접 신청한다. 단 질병, 장애 및 만 18세 미만의 미성년자는 제외

● **구비서류**

여권발급신청서, 여권용 사진 1매, 신분증, 병역관계서류

● **수수료**

유효기간 10년 55,000원, 유효기간 5년 만 8세 이상 47,000원, 만 8세 미만 35,000원

※ 신규 여권 발급 시 전자 여권으로 발급되고 있으며 미국 비자면제프로그램(VWP)를 이용하기 위해서는 반드시 전자여권을 발급받아야 한다.

※ 단수여권은 유효기간 내에 1회에 한하여 외국여행을 할 수 있는 여권

여권사진

6개월 이내에 촬영한 사진으로 귀 부분이 노출되어 얼굴 윤곽이 뚜렷이 드러나야 한다.

가로 3.5cm × 세로 4.5cm로 정면을 응시하며 눈동자가 선명하게 보여야하며 안경은 착용 가능하지만 안경테나 안경렌즈에 눈이 가려서는 안 된다. 바탕은 흰색이여야 하고 모자나 머

플러 착용 및 흰색의상, 제복 등도 안 된다.

비자

관광비자는 발급 요건이 강화되어 중국 정부가 공인한 기관에서 발급한 초청장이 첨부되어야 하는데 여행사를 통해 대리 신청하면 된다.

❶ 4개월 이상 유효한 여권

❷ 신분증 사본(여권 사본으로 대체하는 경우도 있음)

❸ 신칭시(주요 사항을 메모히어 보내도 된다)

❹ 여권사진 1매

비자 발급비외 수수료는 여행사마다 다르고 서류가 오고가는 시간도 고려해야 한다. 급행은 발급비가 비싸므로 여유있게 신청한다.(2일 차이로 약 1.5배 비싸다)

※ 여행비자는 30일, 90일만 발급가능하고 홍콩과 마카오는 90일 무비자로 입국할 수 있다.

❶ 공항지점 보다 일반 거래 은행 지점을 이용한다.

공항은행은 많은 여행객들이 환전할 수 있는 마지막 창구이기 때문에 환전 수수료가 가장 비싸다. 여행을 목적으로 환전하는 것은 금액차가 크지 않으므로 가까운 시중은행에서 미리 환전하면 된다. 중국은 위폐가 많기 때문에 은행에서 환전하는 것이 안전하고 중국내에서는 마트나 쇼핑센터 등에서 큰돈을 사용한다.

❷ 고시환율이 싼 은행을 찾거나 환율우대쿠폰을 확인한다.

환율은 주가처럼 끊임없이 변하므로 은행마다 조금씩 차이가 있기 때문에 각 은행 중에서 가장 환율이 싼 은행을 선택하여 환전하는 것이 좋고 각 은행에서 발행하는 환율우대쿠폰도 확인해 본다. 단, 달러나 엔화보다 수수료가 비싼 편으로 환율우대가 크지 않다.

❸ 인터넷 환전

인터넷 환전은 수수료가 오프라인보다 싸고 다양한 이벤트도 많이 한다. 은행 홈페이지에서 외화를 구입한 뒤, 원하는 지점에서 돈을 수령하면 된다. 또 공동 구매처럼 여러 명이 모여 좀 더 높은 환율우대를 받는 방법도 있다.

④ 여행자 수표 활용

현금 분실이 걱정이라면 여행자 수표를 준비한다. 수표는 발급
후 한 군데에만 사인을 모두 해 놓고 사용 시 나머지 한 군데에
사인을 해서 본인임을 증명한다. 또 수표에 있는 일련번호를 모
두 적어두어 분실 시 재발급과 환급에 대비한다. 장기 여행이
아니라면 현금으로 바꾸는 것이 번거로운 편으로 가급적 피한
다.

⑤ 국제현금카드를 준비한다.

국제현금카드의 장점은 해외에서도 국내 예금을 현지화폐로
찾아 쓸 수 있다는 것과 환전의 번거로움이 없다는 것이다. 시
중 은행에서 신청하면 되고 분실 시 해외에서 재발급이 불가능
하므로 미리 2장 만드는 것도 좋은 방법이다. 출국 전 비밀번호
4자리를 미리 확인하고 계좌 잔액두 확인한다. 단, 중국은 비밀
번호가 6자리로 비밀번호 4자리를 누른 후 확인 버튼을 누르면
된다.

⑥ 신용카드

● 현지통화 기준으로 결제한다. -
원화결제 시 현지통화 결제 보다
환전 수수료가 1회 더 부과된다.
대부분 현지통화 기준으로 결제
가 이루어지지만 홍콩을 비롯한
동남아시아 등지에선 관광객들에
게 원화 기준으로 결제할 것을 권
유하는 경우가 잦다.

● 출입국 정보 활용 서비스와 SMS 서비스는 기본으로 활용한
다. - SMS를 신청하여 해외에서도 신용카드 결제 내역을 휴

대폰으로 바로 확인하고 출입국 정보 활용 서비스를 통해 신용카드의 부정사용을 사전에 막아준다.

- 신용카드사 신고 센터 전화번호를 반드시 메모 한다. - 신용카드 분실, 도난당한 후에 즉시 카드사에 신고하고 귀국즉시 서면으로 분실신고를 한다.

- 카드가 분실, 도난, 훼손당한 경우에는 긴급 대체카드 서비스를 이용한다. - 신용카드를 사용할 계획으로 현금을 조금만 환전 했는데 신용카드를 분실 했다면 당황하지 말고 긴급 대체카드 서비스를 이용하면 2일 내 새 카드를 발급 받을 수 있다. 단, 임시 카드이므로 귀국 후 반납하고 정상 카드를 다시 발급받는다.

- 카드유효기간과 결제일을 확인한다. - 아무 생각 없이 카드를 챙겨갔다가 카드 유효기간이 만료되어 사용하지 못하는 상황이 일어나지 않도록 미리 확인한다.

- 국제 브랜드 로고를 확인한다. - 해외에서 사용가능한 카드인지 미리 확인 해 둔다.

- 여권과 카드상의 영문 이름이 일치하는지 확인한다. - 여권상의 영문이름과 신용카드 상의 영문이름이 다를 경우 카드 결제를 거부하는 경우가 있으니 여권과 카드상의 영문이름이 일치하지 않을 경우 재발급 받는다. 중국은 카드사용에 제약이 있을 수 있으므로 비상용으로 준비한다.

국제운전면허증

중국은 국제협약에 가입하지 않아 국제운전면허증이 인정되지 않는다.

❶ 국제학생증

ISIC는 유네스코 인증 세계 유일의 International Student

Identity Card로 세계 공통 디자인의
국제학생증으로 현재 만 12세 이상
의 학생에게 발급된다. 항공권, 숙박,
교통 보험 등 폭넓은 혜택이 있다.

※ 중국의 관광명승지는 문화적 가치, 관광
방문객 수, 세계문화유산 등재 등 엄격한 규
정으로 등급이 나눠져 있고 우리나라의 테
마파크만큼 비싸다. 할인혜택을 꼼꼼히 체크
한다.

❷ 유스호스텔 회원증

유스호스텔은 국제유스호스텔연맹에 가입된 숙박 업체로 국제
적으로 통용될 뿐 아니라 박물관, 공원, 미술관, 철도 등에서 할
인혜택을 누릴 수 있다. 저렴한 숙박비와 편리한 예약으로 알뜰
한 배낭여행을 즐길 수 있다.

수하물로 보낼 것들

의류

가방에 옷을 넣을 때 돌돌 말아 압축팩에 담으면 구김이 덜 가고 부피도 준다. 도착 후 욕조에 뜨거운 물을 받아 걸어두면 어느 정도 구김이 펴진다. 입은 옷과 벗은 옷을 분리해서 담기 위해 여분의 압축팩을 준비하고 깨지기 쉬운 것은 옷 속에 넣어두면 완충효과가 있다.

헌옷과 헌속옷, 헌신발 등을 가져가서 버리고 오는 것도 짐을 줄일 수 있는 방법이며 분실의 위험을 막을 수 있다. 또한 기후가 갑자기 변할 수 있으므로 여름이라고 해서 얇은 옷만 챙겨가는 것이 아니라 바람막이 점퍼 등 여벌의 옷을 더 준비하여 즐거운 여행이 될 수 있도록 철저히 대비한다.

충전기

카메라, 노트북, 휴대폰 등의 충전기를 가져가는 것이 좋다. 카메라의 경우에는 충전기 외에 건전지가 들어가는 제품이 있으므로 따로 준비해서 휴대용으로 써도 좋다.

※ 중국은 220V로 우리나라 전자제품을 그대로 사용하면 되지만 일부지역은 플러그 모양이 다른 곳도 있다. 이때는 호텔에서 어댑터를 빌려 사용하고 드라이기는 없는 곳이 많다.

상비약

소화제, 감기약, 지사제, 일회용 반창고 등과 평상시에 먹는 약을 요일별로 나뉘는 용기에 담아서 가져가면 깜박 잊는 일을 줄일 수 있다. 해외여행시에는 특별한 경우를 제외하고는 병원을 찾는 일이 없도록 철저히 준비하는 것이 즐거운 여행의 시작이라는 것을 잊지 말자.

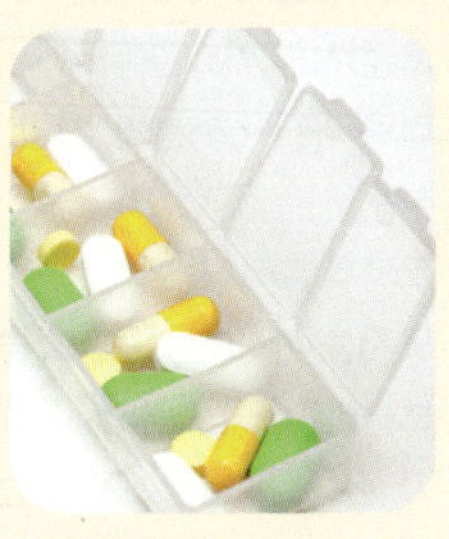

세면도구와 화장품

호텔에 치약과 칫솔 등이 구비되어 있지만 만약을 위해 챙겨간다. 빨리 마르는 스포츠 타월이나 어름에 타월 손수건을 준비하면 습하고 더운 날씨에 요긴하다. 화장품 구입 시 챙겨주는 샘플을 잘 모아 두었다가 가져가면 유용하고 자외선 차단제는 넉넉히 준비한다.

※ 쇼핑계획도 있다면 최대한 짐을 줄여 캐리어를 꽉 채우지 않는다.

간단한 음식 준비

라면은 내용물만 따로 모아 지퍼백에 담고 용기는 차곡차곡 포개 한꺼번에 포장하면 더 많은 공간을 확보할 수 있다. 또한 비닐 지퍼팩에 한국인이 좋아하는 장아찌나 마른반찬, 고추장 튜브 등을 준비해

가면 유용하다. 술병은 깨지기 쉬우므로 팩으로 된 것을 준비하고 장시간 버스를 타고 이동하는 곳이 많으므로 간단한 간식거리로 과자나 초콜릿, 사탕, 껌 등을 준비하면 좋다.

모자와 슬리퍼(샌들)

모자는 자외선 차단 기능 외에도 보슬비 정도는 커버되므로 우산보다 편하다. 호텔에서 주는 슬리퍼는 대부분 간이용으로 불편할 수 있다. 그러므로 슬리퍼나 샌들을 준비하면 숙소에서도 편하게 신을 수 있기 때문에 여름이 아니어도 챙겨가는 것이 좋다.

각종 잡다한 것

갑작스럽게 비가 내린다거나 눈이 내릴 수 있으므로 우산이나 우비를 미리 챙겨둔다. 그 외에 장기간 여행자라면 손톱깎이나 간편 바느질 용품, 작은 빨래비누를 가져가면 요긴하게 쓸 수 있다. 속옷은 많이 가져가지 않아도 저녁에 숙소에 들

어가서 간단하게 세탁을 한 후 널어두면 다음날에는 입을 수 있다. 또한 중국은 물을 돈주고 사먹거나 식당에서 제공되는 물만 먹어야 배탈나는 것을 막을 수 있으므로 조그마한 물병을 가져가서 식당이나 호텔에서 제공되는 물을 받아 가방속에 넣어두면 좋다.

휴대하는 가방에 넣을 것들

여권
여권과 분실을 대비한 여권사본,
사진 1매를 준비한다.

비행기 티켓
온라인으로 항공권을 구입했다면
이티켓을 출력해간다.

여행경비
환전한 현금과 카드

카메라, 노트북, 핸드폰
수화물 짐에 넣으면 파손될 수 있
으니 기내에 가지고 탑승한다.

여행지도와 여행책자
동선을 미리 계획하고 시도를 준비
하면 편리하다.

볼펜과 수첩
출입국 신고서 작성에도 필요하고
주요 전화번호 등은 미리 메모하여
간다.

국내 면세점에서는 1인당 미화 $3,000까지 구매가능하고 한국으로 가지고 오는 경우 1인당 미화 $400까지 허용되는데 이를 초과하는 경우 세관 신고 후 세금을 납부해야 한다.
외국 친지에게 선물을 하거나 사용 또는 소비하는 것이 아니라면 1인당 $400로 보면 된다.

공항 면세점

국내 공항 면세점은 외국 공항 면세점보다 규모도 크고 품목도 다양할 뿐 아니라 국내 브랜드도 입점해 있다. 면세점은 출국 시에만 이용할 수 있고 도착 후에는 이용할 수 없으니 주의한다. 모조품의 문제로 되도록 국내 면세점을 이용한다.

시내 면세점

시내의 호텔과 백화점에 있는 면세점에서도 구매할 수 있는데 출국일 30일 전부터 구매가능하다. 본인의 여권을 가지고 출국일자와 비행기 편명을 숙지하고 방문하면 되고 구매한 물품은 출국일에 지정된 인도장에서 수령해야 한다. 시내 면

세점은 시간을 가지고 여유롭게 쇼핑할 수 있고 공항 면세점보다 물품이 다양하다.

인터넷 면세점

공항 면세점보다 저렴하면서 각종 할인과 적립금이 있는 것이 장점이다. 또한 출국일 60일 전부터 구매가 가능하므로 천천히 시간의 구애를 받지 않고 쇼핑할 수 있다. 물건을 직접 보지 못한다는 것과 물건이 다양하지 않다는 단점이 있다.

기내 면세점

기내 면세 판매 시간에 구입할 수 있고 귀국 시 기내에서도 구입할 수 있다. 시내 면세점이나 공항 면세점보다 저렴하지만 눌량이나 종류가 한정되어 있어 찾는 물건이 없거나 품절되는 경우가 많지만 출국 시 귀국날짜, 귀국편명, 영문이름, 물품명을 적어 승무원에게 주면 귀국하는 기내에서 물건을 받을 수 있다.

홍콩

홍콩은 특별행정구로 비자 없이 3개월까지 여행이 가능하다. 크게 홍콩섬과 구룡반도, 신계지역과 란타우섬으로 나뉘며 홍콩달러를 사용한다. 홍콩달러는 중국내에서 인민폐로 환전해야 하며 성수기는 겨울 시즌 세일에 들어갈 때로 전 세계 많은 관광객들이 몰려온다.

- **봄** - 3~5월 중순으로 아침저녁으로 쌀쌀하니 얇은 겉옷이 필수이다.
- **여름** - 5월 하순부터 9월 중순으로 습도가 높고 더우며 소나기가 자주 내린다.
- **가을** - 9월 하순부터 12월초까지로 한국의 가을보다 길고 낮에는 덥고 밤에 쌀쌀하다.
- **겨울** - 12월 중순부터 2월까지로 한국의 초겨울 날씨가 이어진다.

홍콩섬

- **코즈웨이베이** - 쇼핑 중심지로 중저가 브랜드와 아울렛 매장이 있는 타임스퀘어, 백화점 미쓰코시와 소고, 좁은 골목에 수많은 상점들이 있는 노천시장 쟈뎅스 크리센트가 있다.

- **빅토리아 피크** - 홍콩을 한눈에 내려다볼 수 있는 곳으로 야경이 유명하다. 피크트램을 타고 올라가면 피크타워에 전 세계 유명인의 밀랍인형이 전시된 마담투소도 만날 수 있다.

● 소호거리 - South of Hollywood의 약자로 영화 '중경상림'에서 나오는 미드레벨 에스컬레이터를 타고 가면 만날 수 있다. 세계각지의 요리를 맛볼 수 있는 이국적인 분위기의 레스토랑과 개성 강한 패션숍들이 보는 것만으로도 즐겁다.

구룡반도

● 침사추이 - 구룡반도 최고의 번화가로 명품매장과 대형쇼핑몰, 레스토랑 등이 공존 한다. 홍콩 스타들의 핸드프린트가 있는 스타의 거리와 심포니오브라이트를 볼 수 있다.

※ 심포니오브라이트는 매일 밤 8시에 빅토리아 항구에서 열리는 화려한 야경 레이저쇼이다.

● 몽콕 - 플라워마켓, 레이디스마켓, 운동화마켓 등 테마별 야시장이다. 현지 분위기를 한껏 느낄 수 있고 길거리 음식을 체험하기에도 좋다. 흥정이 필수이고 비슷한 상품들이 많으므로 충분히 돌아본 후 구입한다.

신계지

● 체쿵사원 - 현지인들이 참배를 위해 찾는 사원으로 운세를 바꿔준다는 작은 풍차가 있다.

● 헤리티지 박물관 - 12개의 전시관으로 이루어져 있으며 국
보급 문화재와 예술품 등이 전시되어 있으며 체쿵사원역에서
도보 10분 정도 소요된다.

※ 신계지는 홍콩의 외각 지역으로 구룡반도와 홍콩섬과는 다른 분위기
　 이다.

란타우섬

● 홍콩디즈니 - 미국과 일본
보다 작은 규모지만 거리상이
나 경비절감 등의 장점이 있
다. 아이들이 있다면 홈페이지
의 퍼레이드시간을 미리 체크
힌디.

● 빅부다 - 세계 최대 청동 좌불상으로 소요시간 25분이 걸리
는 옹핑케이블카를 타고간다. 홍콩식 불교 테마마을 옹핑빌리
지가 있다.

 # 마카오

마카오하면 카지노의 도시, 화
려한 네온사인 등이 떠오르지
만 과천보다 작은 이 도시에
무려 30여개나 되는 세계문화
유산을 보유한 역사의 도시이
기도 하다. 때문에 도보여행이
가능하며 자유여행도 어렵지
않다. 마카오는 특별행정구로
무비자로 90일까지 여행가능

하고 홍콩에서 배로 40분 정도 소요되며 출입국 카드 작성과 간단한 출입국심사도 있다. 화폐는 파타카로 홍콩달러도 통용되지만 파타카는 홍콩에서 사용할 수 없으므로 돌아오기 전에 환전한다. 전기는 220V지만 플러그 모양이 다르니 멀티 플러그를 준비한다.

- 1월~3월까지 겨울로 햇볕이 든 쌀쌀한 날씨지만 우리나라보다 따뜻하다.
- 4월~9월까지는 여름으로 뜨겁고 습도가 높다.
- 10월~12월까지 마카오 방문 최적기이다.

세계문화유산 in 마카오

- 성도미니크성당 - 세나도 광장 오른편에 위치한 바로크 양식의 화려하고 아름다운 성당으로 천장은 포르투갈 왕가의 문양이 장식되어있다.

- 세나도 광장 - 마카오의 중심지로 마카오가 중국으로 반환되는 것을 기념으로 포르투갈에서 공수해온 돌로 만들어진 물결무늬 모자이크 바닥이 포인트이다.

- 성바울성당 - 1637년 선교사들에 의해 만들어졌으나 1835년 화재로 화강암으로 만들어진 정면과 68개의 돌계단, 지하실만 남기고 모두 소실되었다. 성당 안쪽에는 성당 발굴 터와 종교 미술박물관, 선교사들의 묘실 등이 그대로 보존되어 있다.

- 마카오 대성당과 광장 - 세나도 광장의 번잡함에서 살짝 벗어난 곳으로 분위기도 차분하고 고풍스러운 느낌의 성당이다. 포르투갈의 독특한 타일 장식인 아줄레주를 볼 수 있다.

● 로우카우맨션 - 중국 상인
의 집이였던 이곳의 외관은 평
범하고 어둡게 느껴져 그냥 지
나칠 수 있지만 실내로 들어가
는 순간 많은 공이 들어간 집
이라는 것을 금방 알 수 있을
것이다. 마카오의 많은 건물들

이 포르투갈의 것에 중국의 양식이 가미된 것에 비해 로우카우
맨션은 중국의 정통에 포르투갈의 양식이 가미된 것이 특이하
다.

마카오 먹거리

● 육포 · 쿠키거리 - 성바울성당과 성도미니크성당의 중간쯤
에 위치해 있다. 좁은 골목 양쪽으로 육포와 쿠키를 판매하고
시식도 가능하다. 단, 육류는 반입금지 품복이라 먹을 만큼만
구입하고 쿠키는 가게마다 맛이 다르니 시식 후 구입한다.

● 에그타르트 - 마카오를 여
행하다보면 시장이나 길거리
어디에서나 쉽게 만날 수 있
다. 원조가 아니어도 한국에서
맛 볼 수 없는 맛이므로 꼭 먹
어보는 것이 좋다.

● 어묵거리 - 어묵거리라고 하기에 실망스러울지 모르지만 여
행 중 부담 없이 먹기에 괜찮다. 다양한 꼬치를 고르면 바로 조
리해 주며 로우카우맨션 가는 길에 만날 수 있다.

● 세라두나 - 바닐라크림과 쿠키가루가 층층이 쌓여 차갑고
달콤한 맛의 케이크. 정통 포르투갈의 디저트로 촉촉하면서 부
드러운 맛이다.

한국	안녕하세요	감사합니다
영어	헬로우	땡큐
일본	콘니치와	도-모 아리가토-
중국	니하오	쎄쎄
프랑스	살루 / 봉주르	메르씨
이탈리아	챠오	그라찌
독일	구튼탁	당케
스페인	올라	그라시아스
러시아	쁘라쓰찌쩨	블라가다류 바쓰
포르투칼어	오이	오브리가도 오브리가다
태국	(여) 사와 디카 (남) 사와 디크랍	(여) 콥 쿤카 (남) 콥 쿤 크럽
말레이시아	셀라맛 다탄	케리마 카시
베트남	신쟈오	감웅
터키	머하바 셀람	테섹키르 이데림
인도네시아	할로	마카시 야
아랍	마르하반	슈크란
몽골	새-응 배-노	탈라르훌라

죄송합니다	얼마에요?	안녕히 가세요
아임 쏘리	하우 머치 이즈 잇	굿바이
고멘 나사이	이쿠라데스까	사요-나라
뚜이부치	둬싸오	짜이젠
즈수이 데졸레	꼼비엥	오흐부와
미 디스피아체	콴또	아리베데르치
엔트슐디군지비테	비에 비엘	아우프 비더젠-
파르돈	꾸안뜨	아디오스
이즈비니쩨	스꼴리꺼 에떠 스또잇	즈드라-스뜨 부이쩨
데스쿨파	꾸안또	아데우스
코토드카	(여) 타오 라이 카 (남) 타오 라이 크럽	(여) 싸왓디 카 (남) 싸왓디 크랍
무나이 마 크로	베라파	슬라맛잘란
신 로이	바오 니에이오	땀 비엣
외주에 디레이림	네 카다르	귈레 귈레
마아프	베라파	슬라맛 잘란
아-씨프	비캄 하-다	마앗쌀라마
오-칠라-래	인 야마르 운태-웨	샌 소치배가래

基本会话

기본회화

안녕하세요!

你好!

nǐ hǎo

니 하오!

잘 지내셨습니까?

你好吗?

nǐ hǎo ma

니 하오마?

잘 지냅니다. 당신은요?

我很好, 你呢?

wǒ hěn hǎo, nǐ ne

워헌하오, 니너?

좋은 아침입니다!

早上好!

zǎo shàng hǎo

짜오쌍 하오!

안녕하세요? - 저녁인사

晚上好!

wǎn shàng hǎo

완쌍 하오!

오랜만입니다.

好久不见了。

hǎo jiǔ bù jiàn le

하오쥬 뿌짼러

오랜만이군요. 어떻게 지냈어요?

好久不见, 过得怎么样?

hǎo jiǔ bù jiàn, guò de zěn me yàng

하오쥬 뿌짼, 꿔더쩐머양?

오랫동안 만나 뵙지 못했네요.

好久没有见面。

hǎo jiǔ méi yǒu jiàn miàn

하오쥬 메이유 짼맨

몇 년 만입니까?

几年了?

jǐ nián le

지 낸러?

여전하시군요!

你一点也没变啊!

nǐ yī diǎn yě méi biàn a

니 이댼예 메이뺀아!

먼저 가보겠습니다.

我先回去了。
wǒ xiān huí qù le
워 쌘후이 취러

안녕히 계십시오.

再见!
zài jiàn
짜이쨴!

안녕히 가십시오.

请慢走。
qǐng màn zǒu
칭 만쩌우

내일 또 만납시다.

明天再见!
míng tiān zài jiàn
밍탠 짜이쨴!

한국에서 다시 만납시다

到韩国再见!
dào hán guó zài jiàn
따오 한궈짜이쨴!

처음 뵙겠습니다.

见到你很高兴。

jiàn dào nǐ hěn gāo xìng

짼따오니 헌까오씽

저 역시 만나서 반갑습니다.

认识你我也很高兴。

rèn shí nǐ wǒ yě hěn gāo xìng

런스니 워예헌까오씽

성함은 많이 들었습니다.

久闻大名。

jiǔ wén dà míng

쥬원 따밍

알게 되어 기쁩니다.

认识你很高兴。

rèn shí nǐ hěn gāo xìng

런스니 헌까오씽

저는 한국인입니다.

我是韩国人。

wǒ shì hán guó rén

워쓰 한궈런

이건 어떻게 발음합니까?

这个音怎么发?

zhè ge yīn zěn me fā

쩌거인 쩐머파?

이번에는 어떻습니까?

这次怎么样?

zhè cì zěn me yàng

쩌츠 쩐머양?

이건 무엇에 쓰는 것입니까?

这是用来干什么的?

zhè shì yòng lái gàn shén me de

쩌스 융라이 깐썬머더?

저 빌딩은 무엇입니까?

那高层建筑物是什么?

nà gāo céng jiàn zhù wù shì shén me

나 까오청쩨주우쓰 썬머?

이름이 뭡니까?

叫什么名字?

jiào shén me míng zi

쟈오 썬머밍쯔?

그건 뭡니까?

那是什么?

nà shì shén me

나 쓰썬머?

무얼 찾고 있습니까?

在找什么?

zài zhǎo shén me

짜이 자오썬머?

무슨 일을 하십니까?

做什么工作?

zuò shén me gōng zuò

쭤 썬머꿍줘?

전화번호는 몇 번입니까?

电话号码是多少?

diàn huà hào mǎ shì duō shǎo

땐화 하오마 쓰 둬싸오?

이것이 무엇인지 아십니까?

知道这是什么吗?

zhī dào zhè shì shén me ma

즈따오 쩌스 썬머마?

지금 몇 시입니까?

现在几点了?

xiàn zài jǐ diǎn le

쌘짜이 지댄러?

여기는 어디입니까?

这里是哪里?

zhè lǐ shì nǎ li

쩌리쓰 나리?

어디에서 오셨습니까?

从哪儿来?

cóng nǎ r lái

충 나얼라이?

면세점은 어디에 있습니까?

免税店在哪儿?

miǎn shuì diàn zài nǎ r

맨쑤이댄 짜이 나얼?

입구는 어디입니까?

入口在哪儿?

rù kǒu zài nǎ r

루커우 짜이나얼?

그건 어디서 살 수 있습니까?

那个在哪能买到?

nà ge zài nǎ néng mǎi dào

나거 짜이나넝 마이따오?

버스정류소는 어디입니까?

公共汽车站在哪儿?

gōng gòng qì chē zhàn zài nǎ r

꿍궁 치처짠 짜이 나얼?

저는 이 지도의 어디에 있습니까?

我在这个地图的哪个位置?

wǒ zài zhè ge dì tú de nǎ ge wèi zhi

워짜이 쩌거 띠투더 나거워이즈?

어디에서 얻을 수 있습니까?

在哪儿能买到?

zài nǎ r néng mǎi dào

짜이 나얼 넝 마이따오?

어느 것이 좋습니까?

哪个好?

nǎ ge hǎo

나거 하오?

소매시장은 어디입니까?

小商品市场在哪里?

xiǎo shāng pǐn shì chǎng zài nǎ li

샤오 쌍핀 쓰창 짜이나리?

이 도시에 수산물시장이 있습니까?

这个城市有水产市场吗?

zhè ge chéng shì yǒu shuǐ chǎn shì chǎng ma

쩌거 청쓰 유 쑤이찬 쓰창마?

입장료는 얼마입니까?

入场费多少钱?

rù chǎng fèi duō shǎo qián

루창페이 뒤싸오치앤?

공항까지 얼마입니까?

到机场多少钱?

dào jī chǎng duō shǎo qián

따오 지창 뒤싸오치앤?

얼마나 걸립니까?

需要多长时间?

xū yào duō cháng shí jiān

쉬야오 뒤창쓰잰?

박물관까지 얼마나 됩니까?

到博物馆有多远?

dào bó wù guǎn yǒu duō yuǎn

따오 버우꽌 유뒤왠?

자리는 몇 개 비어 있습니까?

有几个空位置?

yǒu jǐ gè kōng wèi zhi

유 지거 쿵워이즈?

저 빌딩의 높이는 얼마입니까?

那个楼有多高？
nà ge lóu yǒu duō gāo
나거러우 유둬까오?

이 카메라는 얼마입니까?

这个照相机多少钱？
zhè ge zhào xiàng jī duō shǎo qián
쩌거 짜오씨앙지 둬싸오챈?

몇 살입니까?

几岁了？
jǐ suì le
지 쑤이러?

백화점은 어느 쪽입니까?

百货商店在哪边？
bǎi huò shāng diàn zài nǎ biān
빠이훠쌍댄 짜이나삐앤?

이 넥타이는 얼마입니까?

这个领带多少钱？
zhè ge lǐng dài duō shǎo qián
쩌거링따이 둬싸오챈?

지금 몇 시입니까?

现在几点了？
xiàn zài jǐ diǎn le
씨앤짜이 지댄러?

2인석은 있습니까?

有双人座吗?
yǒu shuāng rén zuò ma
유 쑤앙런쭤마?

오늘 밤, 빈방은 있습니까?

今天晚上有空房间吗?
jīn tiān wǎn shàng yǒu kōng fáng jiān ma
진탠완상 유 쿵팡잰마?

좀더 큰 것은 있습니까?

有更大一点的吗?
yǒu gèng dà yī diǎn de ma
유 껑따이댄더마?

흰색 티셔츠는 있습니까?

有白色衬衫吗?
yǒu bái sè chèn shān ma
유 빠이써 천산마?

관광지도는 있습니까?

有观光地图吗?
yǒu guān guāng dì tú ma
유 꽌광띠투마?

야간관광은 있나요?

有夜间观光吗?

yǒu yè jiān guān guāng ma

유 예지앤꽌광마?

공중전화는 있나요?

有公用电话吗?

yǒu gōng yòng diàn huà ma

유 꿍융땐화마?

단체할인은 있습니까?

有团体打折吗?

yǒu tuán tǐ dǎ zhé ma

유 퇀티따저마?

여기에 경찰서는 있습니까?

这里有警察局吗?

zhè lǐ yǒu jǐng chá jú ma

쩌리유 징차쥐마?

몇 개 있나요?

有几个?

yǒu jǐ ge

유 지거?

어느 것이 좋습니까?

哪个好?

nǎ ge hǎo

나거 하오?

다시 한번 말씀해 주시겠습니까?

可以再说一遍吗？

kě yǐ zài shuō yī biàn ma

커이 짜이쉐 이뺀마?

좀더 천천히 말씀해 주십시오.

请您说慢一点。

qǐng nín shuō màn yī diǎn

칭 닌쉐만이디앤

그건 무슨 뜻입니까?

那是什么意思？

nà shì shén me yì si

나아쓰 썬머 이쓰?

하려는 말이 뭐죠?

想说什么？

xiǎng shuō shén me

샹 쉐썬머?

제가 말하는 것을 이해하시겠습니까?

能理解我说的话吗？

néng lǐ jiě wǒ shuō de huà ma

넝 리이제 워쉐 더 화마?

써주십시오.

请写上。

qǐng xiě shàng

칭 시에 쌍

간단히 설명해 주세요.

简单地说明一下。

jiǎn dān de shuō míng yī xià

잰딴더 쉬밍이쌰

그게 확실한가요?

确定吗？

què dìng ma

추에 띵마?

그게 그런가요?

是那样吗？

shì nà yàng ma

쓰 나아양마?

제가 말하는 것을 알겠습니까?

明白我说什么吗？

míng bǎi wǒ shuō shén me ma

밍빠이 워숴 썬머마?

방금 뭐라고 하셨죠?

你刚才说什么了？

nǐ gāng cái shuō shén me le

니 깡차이 쉬썬머러?

예. / 아니오.

好 / 不用了。

hǎo / bù yòng le

하오 / 뿌융러

예, 그럴게요.

好的。

hǎo de

하오더

아니오, 그렇지 않습니다.

不! 不是那样。

bù, bù shì nà yàng

뿌, 뿌스 나양

예, 고마워요.

好，谢谢!

hǎo, xiè xie

하오, 쎄쎄!

아니오, 괜찮습니다.

不，不用了。

bù, bù yòng le

뿌, 뿌융러

맞습니다.
是的。
shì de
쓰더

알았습니다.
知道了。
zhī dào le
즈 따오러

모르겠습니다.
不知道。
bù zhī dào
뿌 즈따오

괜찮습니다.
没关系。
méi guān xi
메이 꽌씨

아니오, 모르겠습니다.
没有, 不懂。
méi yǒu, bù dǒng
메이유, 뿌둥

걱정하지 마세요.
你不用担心。
nǐ bù yòng dān xīn
니 부융 딴신

고마워요.
谢谢!
xiè xie
쎄쎄!

대단히 감사합니다.
非常感谢。
fēi cháng gǎn xiè
페이창 깐쎄

진심으로 감사드립니다.
衷心感谢。
zhōng xīn gǎn xiè
쫑씬 깐쎄

친절에 감사드립니다.
对您的亲切 / 热情表示感谢。
duì nín de qīn qiè / rè qíng biǎo shì gǎn xiè
뚜이 닌더 친체 / 러어칭 뽀우쓰 깐쎄

모든일에 감사드립니다.
对所有的事情表示感谢。
duì suǒ yǒu de shì qíng biǎo shì gǎn xiè
뚜이 숴유더 쓰칭뽀우쓰 깐쎄

도와 주셔서 감사드립니다.
谢谢您帮助我。
xiè xie nín bāng zhù wǒ
쎄쎄 닌 빵쥬워어

초대해 주셔서 감사합니다.
谢谢您邀请我。
xiè xie nín yāo qǐng wǒ
쎄쎄닌 요오칭 워어

방문해 주셔서 감사합니다.
谢谢您的访问。
xiè xie nín de fǎng wèn
쎄쎄닌 더어 팡원

신세가 많았습니다.
麻烦您了。
má fán nín le
마파안 닌러어

당신에게 큰 신세를 졌네요.
太麻烦您了。
tài má fán nín le
타이 마파안 닌러어

얼마나 감사한지 모르겠습니다.
不知有多感谢。
bù zhī yǒu duō gǎn xiè
뿌즈 유둬머 깐쎄

정말로 죄송합니다.
真是抱歉。
zhēn shi bào qiàn
쩐스 뿌우챈

천만에요.
不可以 / 哪里哪里。
bù kě yǐ / nǎ lǐ nǎ lǐ
뿌커이 / 나아리이 나아리이

늦어서 미안합니다.
不好意思，我迟到了。
bù hǎo yì si, wǒ chí dào le
뿌 하우이스, 워어 츠으 도우러

대단히 죄송합니다.
非常抱歉。
fēi cháng bào qiàn
페이창 뿌우챈

당신에게 사과드립니다.
给您道歉。
gěi nín dào qiàn
게이닌 도우챈

제가 잘못했습니다.

是我错了。

shì wǒ cuò le

스 워어 추어러어

용서하십시오.

请原谅。

qǐng yuán liàng

칭 우앤랴앙

제 사과를 받아주에요.

请您原谅我。

qǐng nín yuán liàng wǒ

칭 닌우앤 랴앙워어

일부러 그런건 아니에요.

不是故意的。

bù shì gù yì de

뿌우 스 꾸이더

걱정하지 마십시오.

不要担心。

bù yào dān xīn

뿌우 요우 딴씬

신경 쓰지 마십시오.

不要费心。

bù yào fèi xīn

뿌우 요우 페씬

계산을 부탁합니다.

结帐。

jié zhàng

제예 짱

도와주시겠습니까?

能帮一下忙吗?

néng bāng yī xià máng ma

넝 빵이샤망마?

부탁이 있는데요.

想拜托一下，可以吗?

xiǎng bài tuō yī xià, kě yǐ ma

씨앙 빠이퉈이샤, 커이마?

이걸 하나 주세요.

给我一个这个。

gěi wǒ yī ge zhè ge

게이워이거 저거

지금 어디에 있는지 가르쳐 주세요.

告诉我现在在哪儿?

gào su wǒ xiàn zài zài nǎ r

까오수워 시앤자이짜이날?

주문 부탁합니다.
想预约(订)一下。
xiǎng yù yuē (dìng) yī xià
씨앙 위위에(딩)이샤

맥주를 주시겠어요?
请给我啤酒?
qǐng gěi wǒ pí jiǔ
칭께이워 피져우?

이걸 주세요.
请给我这个。
qǐng gěi wǒ zhè ge
칭께이워 저거

선물을 골라 주시겠어요?
能帮我选礼物吗?
néng bāng wǒ xuǎn lǐ wù ma
넝방워 쉬앤리우마?

예약을 부탁합니다.
我要预定。
wǒ yào yù dìng
워야오 위딩

잠깐 제 대신 좀 해 주시겠어요?
你能替我一会儿吗。
nǐ néng tì wǒ yī huì r ma
니넝 티워 이후이얼마?

여기에 앉아도 됩니까?

可以坐这儿吗?

kě yǐ zuò zhè r ma

커이 쭤절마?

안으로 들어가도 되겠습니까?

可以到里面吗?

kě yǐ dào lǐ miàn ma

커이 따오리미앤마?

여기서 담배를 피워도 됩니까?

可以在这里吸烟吗?

kě yǐ zài zhè lǐ xī yān ma

커이 짜이저리시앤마?

창문을 열어도 되겠습니까?

可以打开窗户吗?

kě yǐ dǎ kāi chuāng hu ma

커이 따카이 추앙후마?

잠깐 여쭤도 될까요?

可以打听一下吗?

kě yǐ dǎ tīng yī xià ma

커이 따팅 이샤마?

방을 봐도 되겠습니까?

可以看一下房间吗?

kě yǐ kàn yī xià fáng jiān ma

커이 칸이샤팡잰마?

이것을 가져가도 됩니까?

可以拿走这个吗?

kě yǐ ná zǒu zhè ge ma

커이 나저우저거마?

카드로 지불해도 됩니까?

可以用卡支付吗?

kě yǐ yòng kǎ zhī fù ma

커이 융카 즈푸마?

현금으로 지불해도 됩니까?

可以付现金吗?

kě yǐ fù xiàn jīn ma

커이 푸샌진마?

안으로 들어가도 됩니까?

我可以进去吗?

wǒ kě yǐ jìn qù ma

워커이 진취마?

잠깐 실례해도 되겠습니까?

我可以打扰你一下吗?

wǒ kě yǐ dǎ rǎo nǐ yī xià ma

워커이 따로니 이싸마?

축하합니다.

祝贺你。

zhù hè nǐ

주허니

당신에게 축하드립니다.

向你表示祝贺。

xiàng nǐ biǎo shì zhù hè

씨앙니빠오스 주허

축하드립니다.

恭喜恭喜。

gōng xǐ gōng xǐ

꿍씨꿍씨

생일 축하합니다.

祝你生日快乐。

zhù nǐ shēng rì kuài lè

쭈니 성르 콰이러

새해 복 많이 받으십시오.

新年快乐。

xīn nián kuài lè

씬낸 콰이러

저도 그렇게 생각합니다.
我也是那么想的。
wǒ yě shì nà me xiǎng de
워 어예스나 머샹더

그것에 찬성합니다.
赞同 / 反对。
zàn tóng / fǎn duì
짠퉁 / 판 두이

저는 괜찮습니다.
我没关系。
wǒ méi guān xi
워 메이관씨

그것에 반대합니다.
反对。
fǎn duì
판 두이

당신이 틀린것 같아요.
觉得您错了。
jué de nín cuò le
줴더닌 춰러어

PART 01

出入境

출입국

① 콜라는 있습니까?

有可乐吗?

yǒu kě lè ma 유 커어러어마?

> **콜라 대신 쓸 수 있는 단어**
>
> - **啤酒**(pí jiǔ) 맥주
> - **红酒**(hóng jiǔ) 와인
> - **橙汁**(chéng zhī) 오렌지 주스
> - **威士忌**(wēishìjì) 위스키

② 베개를 주세요.

给我枕头。

gěi wǒ zhěn tóu 게이워 쩐터우

> **배게 대신 쓸 수 있는 단어**
>
> - **报纸**(bào zhǐ) 신문
> - **圆珠笔**(yuán zhū bǐ) 볼펜
> - **药**(yào) 약
> - **手机**(shǒu jī) 핸드폰
> - **杂志**(zá zhì) 잡지

③ 쇠고기로 주세요.

要牛肉。

yào niú ròu 요우 뉴우러우

> **쇠고기 대신 쓸 수 있는 단어**
>
> - **鸡肉**(jī ròu) 닭고기
> - **饭**(fàn) 밥
> - **辣椒酱**(là jiāo jiàng) 고추장
> - **猪肉**(zhū ròu) 돼지고기
> - **辣白菜**(là bái cài) 김치

❹ 이 공항에 안내소가 어디에 있습니까?

这个机场的服务台在哪里?

zhè ge jī chǎng de fú wù tái zài nǎ lǐ

저거 지이창 더 푸우타이짜이 나아리이?

안내소 대신 쓸 수 있는 단어

- **候车室**(hòu chē shì) 대합실
- **检疫所**(jiǎn yì suǒ) 검역소
- **免税店**(miǎn shuì diàn) 면세점
- **出入境管理所**(chū rù jìng guǎn lǐ suǒ) 출입국관리소

❺ 10위안 짜리로 주세요.

请都给十元的吧。

qing dōu gěi shí yuán de ba

칭 더우게이 스왠더바

위안 대신 쓸 수 있는 단어

- **一毛**(yì máo) 10전
- **五毛**(wǔ máo) 50전
- **一百元**(yì bǎi yuán) 100원
- **一元**(yì yuán) 1원
- **五十元**(wǔ shí yuán) 50원
- **十元**(shí yuán) 10원

❻ 지하철역까지 어떻게 가면 됩니까?

到地铁站怎么走?

dào dì tiě zhàn zěn me zǒu

또우 띠이티애짠 쩐머쪼우?

지하철역 대신 쓸 수 있는 단어

- **公交车站**(gōng jiāo chē zhàn) 버스 정류장
- **机场**(jī chǎng) 공항 • **火车站**(huǒ chē zhàn) 기차역

탑승권 좀 보여주시겠습니까?

kàn yī xià nín de dēng jī pái

看一下您的登机牌?

칸이쌰아 닌더 떵지파이?

여기 있습니다.

zài zhè lǐ

在这里。

짜이 쩌어리이

(탑승권을 보이며) 12B 좌석은 어디입니까?

shí èr B de wèi zhì shì nǎ lǐ

12B的位置是哪里?

쓰얼B더 워이즈쓰 나리이?

저기 창가 쪽 좌석입니다.

shì chuāng hu nà biān de zuò wèi
是窗户那边的座位。

쓰촹후우 나뺀더 쭤워이

안전벨트를 어떻게 매는지 알려주시겠어요?

néng gào sù wǒ zěn me jì ān quán dài
能告诉我怎么系安全带？

넝꼬우쑤워 쩐머찌이 안쵄따이?

이쪽으로 당기세요.

wǎng zhè biān lā
往这边拉。

왕 써어밴 라아

(옆 사람에게) 자리를 바꿔 주시겠습니까?

kě yǐ huàn yī xià wèi zhì ma
可以换一下位置吗？

커이 환 이쌰 워이즈마?

여기는 제 자리인데요.

zhè shì wǒ de wèi zhì
这是我的位置。

저쓰 워더 워이즈

붙어있는 빈 좌석 없을까요?

yǒu liàn zhe de liǎng gè kōng wèi zhì ma

有连着的2个空位置吗?

유 리앤저더 량거 쿵워이즈마?

제 친구랑 좌석이 떨어져 있어서요.

gēn wǒ péng yǒu zuò wèi lí de yuǎn

跟我朋友座位离得远。

껀 워펑이유 쭤워이 리이더왠

저기 빈자리로 옮겨도 되겠습니까?

nuó dào nà biān de kōng zuò wèi kě yǐ ma

挪到那边的空座位可以吗?

눠또우 나빤더 쿵쭤워이 커이마?

잠깐 지나가도 될까요?

jiè guāng, ràng wǒ guò qù yī xià ba

借光，让我过去一下吧。

쩨광, 랑워 꿔취 이샤바

음료는 뭘로 드시겠습니까?

hē shén me yǐn liào

喝什么饮料?

허어 썸머 인랴오?

어떤 음료가 있습니까?

yǒu shén me yǐn liào

有什么饮料?

유 썬머 인랴오?

콜라는 있습니까?

yǒu kě lè ma

有可乐吗?

유 커러마?

맥주를 주십시오.

qǐng gěi wǒ pí jiǔ

请给我啤酒。

칭 게이워 피쮸

베개와 모포를 주세요.

gěi wǒ ná zhěn tóu hé máo tǎn

给我拿枕头和毛毯。

게이워나아 쩐터우허 모우탄

한국어 신문은 있습니까?

yǒu hán guó yǔ bào zhǐ ma

有韩国语报纸吗?

유 한궈위 빠오즈마?

식사는 언제 나옵니까?

Shén me shí hòu yòng cān

什么时候用餐?

썬머 쓰허우 융찬?

닭고기로 하시겠습니까? 소고기로 하시겠습니까?

yào jī ròu hái shì niú ròu

要鸡肉还是牛肉?

요우 지이러우 하이쓰 뉴러우?

소고기로 주세요.

yào niú ròu

要牛肉。

요우 뉴러우

식사는 필요 없습니다.

bù xū yào yòng cān

不需要用餐。

부우 쉬요우 융찬

식사는 다 하셨습니까?

yòng wán cān le ma

用完餐了吗?

융완 찬러마?

기내에서 면세품을 판매합니까?

jī cāng mài miǎn shuì pǐn ma

机舱卖免税品吗?

지창 마이 맨쑤이핀마?

(면세품 사진을 가리키며) 이것은 있습니까?

yǒu zhè ge ma

有这个吗?

유 쩌거마?

한국 돈은 받습니까?

shōu hán bì ma

收韩币吗?

써우 한삐마?

비행기 멀미약은 있습니까?

yǒu yūn jī yào ma

有晕机药吗?

유 윈지 야오마?

몸이 좀 불편합니다. 약을 주시겠어요?

shēn tǐ yǒu xiē bù shū fu, ná diǎn yào kě yǐ ma

身体有些不舒服，拿点药可以吗?

썬티 유세뿌수푸, 나댄야오 커이마?

토할 것 같습니다. 위생봉투를 주세요.

wǒ xiǎng tù, néng gěi qīng jié dài ma

我想吐，能给清洁袋吗？

워 샹투, 넝게이 칭제따이마?

비행은 예정대로입니까?

fēi xíng shì àn zhào yù dìng ma

飞行是按照预定吗？

페이싱쓰 안짜우 위딩마?

현지시간으로 지금 몇 시입니까?

dāng dì shí jiān, xiàn zài jǐ diǎn

当地时间，现在几点？

땅디쓰잰, 쌘짜이 지댄?

입국신고카드 한 장 주세요.

qǐng gěi wǒ yī zhāng rù jìng dēng jì kǎ

请给我一张入境登记卡。

칭 게이워이장 루찡떵지카

이 서류 작성법을 가르쳐 주시겠어요?

néng gào su wǒ zhè ge wén jiàn zěn me zuò ma

能告诉我这个文件怎么做吗？

넝 까오쑤워 쩌거 원잰 쩐머쭤마?

이 공항에서 어느 정도 머뭅니까?

zài zhè ge jī chǎng tíng liú duō cháng shí jiān
在这个机场停留多长时间？

짜이 쩌거지창 팅류 둬창쓰잰?

환승 카운터는 어디입니까?

huàn chéng de dì fāng zài nǎ r
换乘的地方在哪儿？

환 청더 띠팡 짜이나얼?

환승수속은 어디서 하면 됩니까?

huàn chéng shǒu xù zài nǎ r bàn
换乘手续在哪儿办？

환칭 씨우쉬 짜이나얼빤?

환승시간까지 얼마나 남았습니까?

lí huàn chéng shí jiān hái yǒu duō shǎo
离换乘时间还有多少？

리 환청쓰잰 하이유 둬싸오?

환승은 몇 시부터입니까?

cóng jǐ diǎn kāi shǐ huàn chéng
从几点开始换乘？

충 지댄카이스 환청?

상하이까지 몇 시간 걸립니까?

dào shàng hǎi yào jǐ gè xiǎo shí

到上海要几个小时？

따오 쌍하이 야오지거 샤오스?

파도는 거칩니까?

làng dà ma

浪大吗？

랑 따마?

날씨는 좋습니까?

tiān qì hǎo ma

天气好吗？

티앤치 하오마?

화장실은 어디에 있습니까?

wèi shēng jiān zài nǎ li

卫生间在哪里？

워이썽잰 짜이 나리?

여권 심사대가 어디입니까?

hù zhào jiǎn chá tái shì nǎ lǐ

护照检查台是哪里？

후우짜오잰 차타이쓰 나리?

이것은 입국카드입니까?

zhè shì rù jìng kǎ piàn ma

这是入境卡片吗？

저 쓰루우 징카팬마?

입국 신고서 한 장 주실래요?

qǐng gěi wǒ yī zhāng rù jìng dēng jì kǎ hǎo ma

请给我一张入境登记卡好吗？

칭 게이워 이장 루찡 떵지카 하오마?

이 용지를 기재해 주세요.

qǐng tián yī xià zhè zhāng biǎo gé

请填一下这张表格。

칭 탠이쌰 쩌장 빠오거

여권 좀 보여주시겠어요?

kàn yī xià nín de hù zhào

看一下您的护照?

칸 이샤 닌더 후우짜오?

어디서 오셨습니까?

cóng nǎ lǐ lái

从哪里来?

충 나아리라이?

한국에서 왔습니다.

cóng hán guó lái

从韩国来。

충 한궈라이

입국 목적은 무엇입니까?

rù guó mù dì shì shén me

入国目的是什么?

루궈 무디쓰 썬머?

관광입니다.

shì guān guāng
是观光。
쓰 꽌광

사업입니다.

shì gōng shì
是公事。
쓰 꿍스

출장입니다.

shì yīn gōng chū chāi
是因公出差。
스 인꿍수사이

얼마나 체재하십니까?

zhì liú duō cháng shí jiān
滞留多长时间?
쯔류우 둬창 쓰잰?

일주일 체재합니다.

yī zhōu
一周。
이 쩌우

어디에 머무십니까?

nín xiàn zài zhù nǎ r
您现在住哪儿?

닌 쌘짜이 쭈 나얼?

○○호텔에 머뭅니다.

tóu sù zài ○○ jiǔ diàn
投宿在○○酒店。

터우쑤짜이○○쥬땐

(메모를 보이며) 숙박처는 이 호텔입니다.

wǒ huì zhù zài zhè ge jiǔ diàn
我会住在这个酒店。

워 후이 쭈짜이 쩌거 쥬땐

(호텔은) 아직 정하지 않았습니다.

hái méi dìng
还没定。

하이 메이띵

(호텔은) 단체여행이라서 모릅니다.

(jiǔ diàn) yīn wèi shì suí tuán lǚ yóu, suǒ yǐ bù dà qīng chu
(酒店)因为是随团旅游, 所以不大清楚。

(쥬땐)인워이쓰 쑤이퇀 뤼유, 쉬이 부타이 칭추

돌아가는 항공권은 가지고 계십니까?

yǒu fǎn chéng piào ma

有返程票吗?

유 판청 표마?

네, 가지고 있습니다.

shì de, yǒu

是的，有。

쓰더 , 유

현금은 얼마나 가지고 있습니까?

yǒu duō shǎo xiàn jīn

有多少现金?

유 둬씨오 쌘진?

800위안 정도입니다.

bā bǎi yuán zuǒ yòu

八百元左右。

빠바이이왠 쭤유

이 나라는 처음입니까?

dì yī cì lái zhè ge guó jiā ma

第一次来这个国家吗?

띠 이츠 라이 쩌거 궈쟈마?

네, 처음입니다.

shì de, dì yī cì

是的，第一次。

쓰더, 띠 이츠

됐습니다.

hǎo le

好了。

하우 러

즐거운 여행 보내세요.

zhù nín lǚ tú yú kuài

祝您旅途愉快。

주닌 뤼투 위콰이

unit 3

수화물 · 환전 세관검사

짐은 어디서 찾습니까?

zài nǎ zhǎo xíng li

在哪找行李?

짜이 나아 짜오 싱리?

당신 짐은 3번 켄베이어에 있습니다

nín de xíng li zài sān hào chuán sòng dài shàng

您的行李在3号传送带上。

닌더어 싱리 짜이 싼호우 촨쑹따이쌍

이건 714편 턴테이블입니까?

zhè ge xíng li zhuǎn dòng jī shì qī yāo sì hào bān jī ma

这个行李转动机是714号班机吗?

쩌거싱리 쫜둥지쓰 치요쓰하오 빤지마?

714편 짐은 나왔습니까?

qī yāo sì háng bān de xíng li chū lái le ma

714航班的行李出来了吗?

치요쓰 항빤더어 싱리 추라이러마?

제 짐이 왜 안 보이는 거죠?

zěn me zhǎo bù dào wǒ de xíng li

怎么找不到我的行李?

쩐머 짜오뿌따오 워더 싱리?

제 짐을 잃어버린 것 같아요.

wǒ de xíng li hǎo xiàng diū shī le

我的行李好像丢失了。

워 더어 싱리 하오썅 듀쓰러

수화물표 좀 보여주시겠어요.

kàn yī xià nín de xíng li kǎ

看一下您的行李卡。

칸 이쌰 닌더어 싱리 카

이게 수화물인환증입니다.

zhè shì xíng li dān

这是行李单。

쩌쓰 싱리딴

잠시만 기다려 주시겠어요?

qǐng shāo děng
请稍等。

칭 싸오떵

물론이죠.

dāng rán (le)
当然(了)。

땅 란(러)

세관신고서는 가지고 계십니까?

hǎi guan shen qǐng shū zài shǒu lǐ ma
海关申请书在手里吗？

하이관 썬칭쑤 짜이 써우리마?

신고할 것은 있습니까?

yǒu yào dēng jì de ma
有要登记的吗？

유 요우 떵지더마?

일용품뿐입니다.

zhǐ yǒu rì yòng pǐn
只有日用品。

즈유 르융핀

호텔 / 레스토랑 / 교통 / 관광 / 쇼핑 / 통신 / 트러블 / 귀국이 가방을 열어 주십시오.

qǐng dǎ kāi zhè gè bāo

请打开这个包。

칭 따카이 쩌거빠오

내용물은 무엇입니까?

lǐ miàn yǒu shén me

里面有什么?

리맨 유 썬머?

이건 뭡니까?

zhè shì shén me

这是什么?

저쓰 썬머?

친구에게 줄 선물입니다.

gěi péng yǒu de lǐ wù

给朋友的礼物。

게이 펑유더 리우

다른 짐은 있나요?

yǒu qí tā de xíng li ma

有其他的行李吗?

유 치타더 싱리마?

짐은 이것뿐입니까?

xíng li jiù zhè xiē ma

行李就这些吗?

싱리 쮜 쩌 세마?

이 카메라 세금을 내야합니까?

zhè ge xiàng jī yào jiāo shuì ma

这个相机要交税吗?

쩌거어 썅지 요우 죠쑤이마?

이건 과세 대상이 됩니다.

zhè shì zhēng shuì de duì xiàng

这是征税的对象。

써쓰 쩡쑤이너 뚜이샹

과세액은 얼마입니까?

zhēng shuì é shì duō shǎo

征税额是多少?

쩡쑤이어 쓰둬싸오?

환전소가 어디에 있습니까?

qián bì duì huàn suǒ zài nǎ li

钱币兑换所在哪里?

챈삐 뚜이환숴 짜이나리?

이곳으로 곧장 가면 됩니다.

qǐng cóng zhè li (biān) zǒu

请从这里(边)走。

칭충 쩌어리(밴) 쩌우

이걸 환전해 주시겠어요?

qǐng gěi wǒ duì huàn yī xià zhè ge

请给我兑换一下这个。

칭 게이워 뚜이환 이쌰쩌어거

오늘의 환율은 얼마입니까?

jīn tiān de huì lǜ shì duō shǎo

今天的汇率是多少？

진탠더 후이뤼쓰 둬싸오?

여행자수표를 현금으로 바꿔 주세요.

qǐng bǎ lǚ xíng zhī piào gěi wǒ huàn chéng xiàn jīn

请把旅行支票给我换成现金。

칭 바 뤼싱 즈표 게이워환청 쌘찐

잔돈도 섞어 주세요.

líng qián yě yào

零钱也要。

링챈 예요우

계산이 틀린 것 같은데요.

hǎo xiàng suàn cuò le

好象算错了。

하오썅 쏸춰러

수수료는 얼마입니까?

shǒu xù fèi shì duō shǎo

手续费是多少?

써우쉬페이쓰 둬싸오?

영수증을 주시겠습니까?

qǐng gěi wǒ kāi fā piào

请给我开发票。

칭 세이워 카이파퍄오

공항에서 호텔까지

관광안내소는 어디에 있습니까?

guān guāng jiè shào suǒ zài nǎ li

观光介绍所在哪里?

꽌광 제싸오숴 짜이나리?

시가지도와 관광 팸플릿을 주시겠어요?

qǐng gěi wǒ chéng shì dì tú hé guān guāng cè zǐ

请给我城市地图和观光册子。

칭게이워 청쓰 띠투 허 꽌광처즈

여기서 렌터카를 예약할 수 있습니까?

zhè lǐ néng yù yuē bāo chē ma

这里能预约包车吗?

쩌리넝 위웨 뽀우처마?

시내 호텔을 예약해 주십시오.

qǐng gěi wǒ yù yuē shì nèi de jiǔ diàn
请给我预约市内的酒店。

칭 게이워 위웨 쓰네이더 쥬우댄

번화가에 가까운 호텔을 부탁합니다.

qǐng bāng wǒ zhǎo wèi yú fán huá dì dài de bīn guǎn
请帮我找位于繁华地带的宾馆。

칭 빵워짜오 워이위 판화 띠따이더 삔관

역에서 가까운 호텔을 부탁합니다.

qǐng zhǎo yī gc lí chē zhàn jìn dc jiǔ diàn
请找一个离车站近的酒店。

칭 짜오 이거 리서짠 찐더쥬우댄

호텔 리스트는 있습니까?

yǒu jiǔ diàn míng cè ma
有酒店名册吗?

유 쥬우댄 밍처마?

포터를 찾고 있습니다.

zhèng zài zhǎo xíng li yuán
正在找行李员。

정짜이 짜오 싱리왠

호텔
레스토랑
교통
관광
쇼핑
통신
트러블
귀국

포터를 불러 주세요.

qǐng jiào xíng li yuán
请叫行李员。
칭 쟈오 싱리왠

카트는 어디에 있습니까?

shǒu tuī chē zài nǎ li
手推车在哪里?
써우 투이처 짜이나리?

택시 승강장은 어디입니까?

jì chéng chē zhàn tái shì nǎ li
计程车站台是哪里?
찌청처 짠타이 쓰나리?

이 짐을 택시승강장까지 옮겨 주세요.

qǐng bǎ zhè xíng li yùn dào chū zū chē chéng chē chù
请把这行李运到出租车乘车处。
칭바 쩌싱리 윈따오 추주처 청처추

고맙습니다. 얼마입니까?

xiè xie、duō shǎo qián
谢谢。多少钱?
쎄쎄, 둬싸오챈?

어디까지 가십니까?

qǐng wèn dào nǎ li

请问到哪里？

칭원 따오 나리?

○○호텔로 가 주세요.

qǐng dào ○ ○ bīn guǎn

请到○○宾馆。

칭따오 ○○삔관

(주소를 보이며) 이리 가 주세요.

qǐng wǎng zhè r zǒu

请往这儿走。

칭 왕 쩌일쩌우

짐을 트렁크에 넣어 주세요.

qǐng bǎ xíng li fàng jìn hòu bèi xiāng

请把行李放进后备箱。

칭 바 싱리 팡진 허우뻬이샹

도착하면 알려 주십시오.

dào dá de huà qǐng gào sù wǒ

到达的话请告诉我。

또우다더 화 칭꼬우쑤워

출국하기 전

● 항공권을 자신이 직접 갖고 있는 경우는 필히 출발 일주일 전에는 항공사나 여행사에 예약 재확인을 하고, 여행을 하고자 하는 나라의 날씨, 주의사항, 문화 등 간단한 정보를 익힌다.

● 환전은 시내 은행이나 공항에서도 가능하며, 환전할 때는 여권이 꼭 필요하다.

출국하는 날

● 보통 국제선은 출발시간 2시간 전, 국내선은 1시간 전부터 출국수속을 시작한다. 주말에는 항상 공항이 붐비므로 수속이 더뎌지게 마련이므로 미리 서둘러 공항에 가는 게 좋다.

● 비행기 좌석배정은 보딩패스(비행기 티켓을 좌석권으로 바꾸는 것)할 때 정해지므로 일찍 할수록 원하는 자리에 앉을 수 있다.

공항에서

● 짐이 많은 사람들은 내용물이 손상되지 않게 잘 포장한 다음 보딩패스를 할 때 짐을 부치고, 반드시 TAG(짐을 부칠 때 항공사에서 주는 꼬리표, 보통 항공편명, 출발지, 도착지, 시간이 적혀 있음)를 받고 가방에도 이름표를 꼭 달아놓는다.

● 휴대한 귀중품은 세관을 통과할 때 꼭 신고하여 입국시 문제가 발생하여 좋은 추억을 망치는 일이 없도록 해야 한다. 기내에는 간단한 휴대용 가방만 갖고 들어갈 수 있다.

좌석에서

- 기내에서 간편한 옷차림을 하거나 슬리퍼를 신을 것, 발이 피곤하면 신발을 벗는 것은 가능하나 벗은 채 기내를 돌아다니는 것은 다른사람들에게 실례가 된다.
- 승무원을 부를 때는 승무원 호출버튼을 누르거나 통로를 지날 때 가볍게 손짓하거나 눈이 마주칠 때 살짝 부른다. 우리 식으로 손을 흔들어 부르는 것은 예의에 어긋난다.
- 좌석의 등받이를 뒤로 제칠 때는 지나치게 제치면 안된다. 식사가 시작되면 제쳐놓은 등받이를 반드시 원위치로 해 놓는다. 베개와 모포는 보통 머리 위의 선반에 비치되어 있다.
- 안전벨드 착용 사인이 켜져 있는 동안은 화장실 사용은 원칙적으로 금지되어 있다.

식사를 할때

- 식사서비스가 시작되면 일단 자기자리로 가서 좌석의 등받이를 일으켜 세우고 식사용 간이테이블을 펴놓고 기다린다.
- 식사나 음료서비스를 받을 때는 "Thanks"로 감사 표시를 하는 것이 좋은 매너이다. 식사가 끝나면 반드시 식사 테이블을 원위치로 올려놓아야 한다. 기내에서 술을 마시면 지상에서 술을 마시는 것보다 빨리 취한다. 따라서 기내에서의 과음은 피하는 것이 좋다.

중국어와 영어로 되어 있고 영어로 작성하면 된다. 입국, 출국카드가 한조로 되어있다.

※ 단체비자로 입국 시 출입국카드는 생략된다.

입국 카드

1. 성
2. 이름
3. 국적
4. 여권번호
5. 중국 내 체류할 주소 : 호텔명
6. 성별 : 남, 여(∨표시)
7. 생년월일 : 년, 월, 일 순으로 적는다
8. 비자번호
9. 비자 발행도시
10. 항공기 번호
11. 입국목적(∨표시)
    - Conference / Business : 회의, 업무
    - Visit : 단순방문
    - Sightseeing / in leisure : 관광
    - Visiting Friends or relatives : 친구 또는 친인척 방문
    - Employment : 취업
    - Study : 유학
    - Return home : 고향방문
    - Settle down : 거주
    - Others : 기타
12. 서명

外国人入境卡
ARRIVAL CARD

请交边防检查官员查验
For Immigration clearance

姓 ① Family name

名 ② Given names

国籍 ③ Nationality

护照号码 ④ Passport No.

在华住址 ⑤ Intended Address in China

男 女 ⑥
Male Female

出生日期 ⑦ Date of birth
年Year 月Month 日Day

入境事由（只能填写一项）Purpose of visit (one only) ⑪

签证号码 ⑧ Visa No.

签证签发地 ⑨ Place of Visa Issuance

航班号/船名/车次 ⑩ Flight No./Ship's name/Train No.

会议/商务 Conference/Business
访问 Visit
观光/休闲 Sightseeing/in leisure

探亲访友 Visiting fiends or relatives
就业 Employment
学习 Study

返回常住地 Return home
定居 Settle down
其他 others

以上申明真实准确。
I hereby declare that the statement given above is true and accurate.

签名 Signature ⑫

1. 성
2. 이름
3. 여권번호
4. 생년월일 : 년, 월, 일 순
5. 성별 : 남, 여(∨표시)
6. 항공기 번호
7. 국적
8. 서명

출국기록 카드 견본

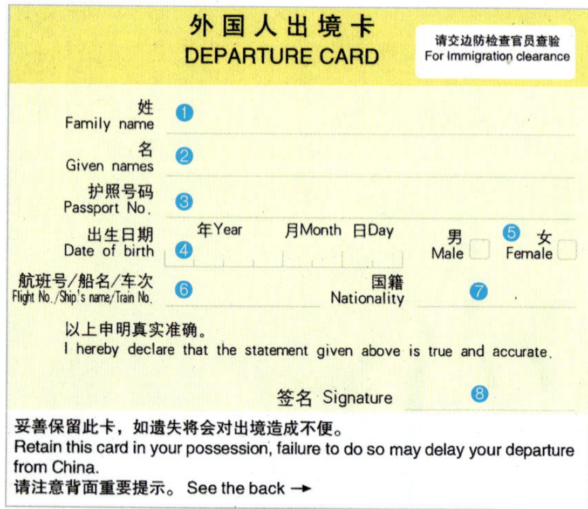

검역신고서는 세계적으로 유행하는 전염병이 있을때만 작성하며 도시별로 검역신고서가 조금씩 다를 수 있다.

① 이름

② 성별 : Male(남), Female(여) (∨표시)

③ 생년월일

④ 국적

⑤ 여권번호

⑥ 목적지(방문하는 도시)

⑦ 항공기 편명, 좌석번호

⑧ 중국에서 출국하는 날짜, 도착국가, 귀국 편명

(/일간 중국에서 머물 경우 방문할 여행지를 적고 7일 미만일 경우 빈칸도 가능하다.)

⑨ 중국내 체류지로 호텔을 적으면 된다.

⑩ 중국 입국 전 7일간 체류했던 국가와 도시

⑪ 지난 7일간 신종플루 환자 및 의심환자와 접촉 여부

(Yes, No ∨표시)

⑫ 질병이 있을 경우 체크(∨표시 없으면 빈칸)

Fever : 발열 / Cough : 기침 / Sore throat : 후두염

Muscle and joint pain : 근육통 / Stuffy nose : 코막힘

Headache : 두통 / Diarrhoea : 설사 / Vomiting : 구토

Runny nose : 콧물 / Breath difficulty : 호흡곤란

Fatigue : 몸살 / Other symptoms : 그 외 증상

⑬ 사인 작성 당일 날짜

① 성 / 이름
② 생년월일 : 년, 월, 일순
③ 성별 : 남, 여 (∨ 표시)
④ 여권번호
⑤ 국적
⑥ 여행목적 : 여행에 체크
⑦ 항공편명
⑧ 만 16세 이하의 동반 여행자 수가 몇 명인지 묻는 것.

※ 9~15번까지는 Yes, No ∨ 표시

⑨ 여행시 필요한 카메라, 비디오 카메라, 휴대용 컴퓨터 등 입국시 재반출조건으로 휴대한 5000위안 이상의 가치품
⑩ 2만위안 초과 중국 현찰이나 미달러 환산시 5000달러 초과하는 외화현찰
⑪ 금, 은이나 귀금속
⑫ 문화재 멸종위기 동식물이나 그것으로 만든 제품, 생물 종자
⑬ 라디오 송수신기, 통신 보안장비
⑭ 중국인민공화국법에 따라 반출이 제한되거나 금지된 품목들
⑮ 상업목적의 물품, 샘플 광고물등

- 중국인민공화국 법에 따라 반출이 금지된 물품 -

무기, 모형무기, 탄약 및 각종 폭발물, 위조 화폐 및 위조 유가증권, 중국의 정치, 경제, 문화, 도덕에 유해한 인쇄물, 필름, 사진, 녹화테이프, CD, 컴퓨터자료, 각종 독극물, 아편, 코카인 및 마약류 및 항 정신성 의약품 등

中 华 人 民 共 和 国 海 关
出境旅客行李物品申报单

请先阅读背面的填表须知，然后在空格内填写文字信息或划 √

1. 姓名　拼音 ❶

中文
证件

2. 出生日期 ❷　年　月　日

3. 性别　男 □ ❸　女 □

4. 进出境证件号码 ❹

5. 国籍(地区)　中国 □ (香港 □　澳门 □　台湾 □)
外国 ❺

6. 出境事由 ❻
公务 □　商务 □　旅游 □　学习 □
定居 □　探亲访友 □　返回居住地 □　其他 □

7. 航班号/车次/船名 ❼　　8. 同行未满16周岁人数 ❽

我（我们）携带：

9. 需复带进境的单价超过人民币5,000元的照相机、摄像机、
手提电脑等旅行自用物品　❾ 是 □　否 □

10. 超过20,000元人民币现钞、或超过折合5,000美元的外币现钞　❿ 是 □　否 □

11. 金银等贵重金属　⓫ 是 □　否 □

12. 文物、濒危动植物及其制品、生物物种资源　⓬ 是 □　否 □

13. 无线电收发信机、通信保密机　⓭ 是 □　否 □

14. 中华人民共和国禁止和其它限制出境的物品　⓮ 是 □　否 □

15. 货物、货样、广告品　⓯ 是 □　否 □

我已阅知本申报单背面所列事项，并保证所有申报属实。

携带有9-14项下物品的，请详细填写如下清单：

品名/币种	数量	金额	型号	海关批注

旅客签名　　　　　　　　　　年　月　日

靠窗户的座位 (kào chuāng hù de zuò wèi)
코우 촹 후우 더 쭤 워이　　창가쪽 자리

想做 (xiǎng zuò) 샹 쭤　　~하고 싶다

手机 (shǒu jī) 써우 지이　　휴대전화

疑问 (yí wèn) 이 원　　질문

安全带 (ān quán dài) 안 챈 따이　　안전벨트

到达 (dào dá) 또우 따아　　도착

问题 (wèn tí) 원 티　　문제

失误 (shī wù) 스 우　　실수

当地时间 (dāng dì shí jiān) 땅 띠 쓰잰　　현지시간

种类的 (zhǒng lèi de) 쫑 레이 더　　~ 종류의

机内餐 (jī nèi cān) 지이 네이 찬　　기내식

海鲜 (hǎi xiān) 하이 시앤　　생선

鸡肉 (jī ròu) 찌 러우　　닭고기

跳过 (tiào guò) 툐우 꾸어　　건너뛰다

96

杂志(zǒ zhì) 짜아 즈	잡지
报纸(bào zhǐ) 뽀우 즈	신문
免税品(miǎn shuì pǐn) 맨 쑤이 펀	면세품 상품
明信片(míng xìn piàn) 미잉 씬 팬	엽서
发送(fā sòng) 파 쑹	보내다
借(jiè) 찌에	빌리다
腹痛(fù tòng) 푸우 퉁	복통
毛毯(máo tǎn) 모우 탄	담요
韧带(rèndài) 런 따이	안대
晕机(yūn jī) 윈 지	(비행기)멀미
药(yào) 요우	약
护照(hù zhào) 후우 짜오	여권
签证(qiān zhèng) 챈쩡	비자
目的地(mù dì dì) 무 디 띠	목적지
换钱(huàn qián) 환 치앤	환전

PART 02
酒店
호텔

❶ 더블룸으로 부탁합니다.

要双人间。

yào shuāng rén jiān

요우 쌍러언잰

더블룸 대신 쓸수 있는 단어

- 单间床位数1(dān jiān chuáng wèi shù) 1인방 침대 수 1
- 2人间, 床位数2(rén jiān, chuáng wèi shù) 2인방, 침대 수 2
- 有浴池的单人间(yǒu yù chí de dān rén jiān) 욕실 있는 1인방

❷ 얼음 좀 가져다 주세요.

给我拿点冰块。

gěi wǒ ná diǎn bīng kuài

게이워 나아댄 삥콰이

얼음 대신 쓸수 있는 단어

- 水(shuǐ) 물
- 毛巾(máo jīn) 수건
- 香皂(xiāng zào) 비누
- 洗发精(xǐ fà jīng) 샴푸
- 梳子(shū zi) 빗
- 被子(bèi zi) 이불

❸ 세탁 서비스는 있습니까?

有洗衣(濯)服务吗?

yǒu xǐ yī (zhuó) fú wù ma

유 시이이(줘) 푸우마?

세탁 대신 쓸수 있는 단어

- 叫醒电话(jiào xǐng diàn huà) 모닝콜
- 停车(tíng chē) 주차(중국)
- 按摩(àn mó) 마사지

100

④ 열쇠를 잃어 버렸습니다.

鑰匙丟了。

yào shi diū le

요우쓰 듀우러어

열쇠 대신 쓸수 있는 단어

- 手机 (shǒu jī) 휴대폰
- 护照 (hù zhào) 여권
- 纪念品 (jì niàn pǐn) 기념품
- 包 (bāo)　가방
- 钱包 (qián bāo) 지갑
- 机票 (jī piào) 비행기표

⑤ 수도꼭지가 망가졌습니다.

水龙头坏了。

shuǐ lóng tóu huài le

쑤이 루웅터우 화이러어

수도꼭지 대신 쓸수 있는 단어

- 空调 (kōng tiáo) 에어콘
- 电视 (diàn shì) 텔레비젼
- 冰箱 (bīng xiāng) 냉장고
- 锁定装置 (suǒ dìng zhuāng zhì) 잠금장치
- 吹风机 (chuī fēng jī) 드라이기
- 灯 (dēng) 등

⑥ 6시에 모닝콜을 해 주세요.

6点的时候要叫醒服务。

liù diǎn de shí hou yào jiào xǐng fú wù

류댄더 쓰허우 요우 쟈우싱푸우

모닝콜 대신 쓸수 있는 단어

- 客房服务 (kèfángfúwù)　룸서비스
- 理发 (lǐfà) 이발
- 吃早饭 (chīzǎocān)　아침식사

호텔 예약

무엇을 도와드릴까요?

xū yào bāng zhù ma

需要帮助吗?

쉬이요오 빵주마?

여기서 호텔을 예약할 수 있습니까?

zài zhè néng yù yuē jiǔ diàn ma

在这能预约酒店吗?

짜이 쩌넝 위웨 쥬우댄마?

예약은 하셨습니까?

yù yuē le ma

预约了吗?

위 웨러 마?

예약을 하고 싶은데요.

wǒ xiǎng yù yuē
我想预约。
워 샹 위웨

숙박요금은 얼마입니까?

zhù sù fèi duō shǎo qián
住宿费多少钱?
쭈 수페이 둬싸오챈?

1박에 얼마입니까?

yī tiān wǎn shàng duō shǎo qián
一天晚上多少钱?
이탠 인쌍 둬씨오챈?

요금에 조식은 포함되어 있나요?

fáng fèi lǐ bāo hán zǎo cān ma
房费里包含早餐吗?
팡페이리 빠오한 짜오찬마?

오늘 밤, 빈방 있습니까?

jīn tiān wǎn shàng yǒu kōng fáng jiān ma
今天晚上有空房间吗?
진탠 완쌍 유 쿵팡잰마?

몇 박을 하실 겁니까?

yào zhù jǐ tiān
要住几天?
요우 쭈우 지탠?

오늘 밤부터 2박 할 겁니다.

jīn tiān kāi shǐ liǎng tiān
今天开始2天。
진탠 카이쓰 량탠

트윈 룸으로 부탁합니다.

qǐng gěi wǒ shuāng rén fáng jiān
请给我双人房间。
칭 게이워 쌍런 팡잰

욕실이 있는 방으로 부탁합니다.

qǐng gěi wǒ yǒu yù shì de fáng jiān
请给我有浴室的房间。
칭 게이워 유 위쓰더 팡잰

몇 시에 도착하실 건가요?

jǐ diǎn dào
几点到?
지이댄 따오?

8시에 도착할 것 같습니다.

dà gài bā diǎn zhōng néng dào
大概八点钟能到。
따가이 빠댄중 넝따오

그 호텔은 어디에 있습니까?

nà ge bīn guǎn zài nǎ r
那个宾馆在哪儿?
나거 삔관 짜이나얼?

역까지 데리러 옵니까?

lái chē zhàn jiē rén ma
来车站接人吗?
라이서짠 제런마?

공항까지 데리러 옵니까?

lái jī chǎng jiē rén ma
来机场接人吗?
라이 지창 제런마?

예약을 취소하지 마세요.

bù yào qǔ xiāo yù yuē
不要取销预约。
뿌야오 취샤오 위웨

예약은 하셨습니까?

yù yuē le ma

预约了吗?

위 웨러 마?

예약했습니다.

yù yuē le

预约了。

위 웨러

확인서는 여기 있습니다.

què rèn shū zài zhè r

确认书在这儿。

췌런수 짜이쩌얼

예약은 한국에서 했습니다.

zài hán guó yù yuē de
在韩国预约的。

짜이 한궈위 웨더

성함을 말씀하십시오.

qǐng shuō xìng míng
请说姓名。

칭 쉬 씽밍

숙박 쿠폰을 가지고 있습니다.

yǒu zhù sù yōu huì quàn
有住宿优惠券。

유 쭈수 유우후이챈

조용한 방으로 부탁합니다.

wǒ xiǎng yào ān jìng de fáng jiān
我想要安静的房间。

워 샹요우 안찡더 팡잰

전망이 좋은 방으로 부탁합니다.

wǒ xiǎng yào fēng jǐng hǎo de fáng jiān
我想要风景好的房间。

워 샹요우 펑징하오더 팡잰

방을 보여 주세요.

kě yǐ kàn yī xià fáng jiān ma
可以看一下房间吗?

커이 칸이샤 팡잰마?

좀 더 큰 방은 없습니까?

yǒu gèng dà yī diǎn de fáng jiān ma
有更大一点的房间吗?

유 껑따이 댄더 팡잰마?

좀 더 좋은 방은 없습니까?

yǒu gèng hǎo de fáng jiān ma
有更好的房间吗?

유 껑하오더 팡잰마?

이 방으로 하겠습니다.

jiù yào zhè ge fáng jiān le
就要这个房间了。

쮸요 쩌거 팡잰러

숙박카드에 기입해 주십시오.

qǐng jì lù dào zhù sù kǎ lǐ
请记录到住宿卡里。

칭 지루따오 주쑤 카리

이게 방 열쇠입니다.

zhè shì fáng jiān yào shi
这是房间钥匙。
쩌쓰 팡잰 야오쓰

귀중품을 보관해 주시겠어요?

qǐng gěi wǒ bǎo guǎn yī xià guì zhòng wù pǐn
请给我保管一下贵重物品。
칭게이워 빠오관이쌰 꾸이쭝 우핀

벨보이가 방으로 안내하겠습니다.

fú wù sheng huì dài nin qù fáng jiān
服务生会带您去房间。
푸우썽 후이 따이닌취 팡잰

짐을 방까지 옮겨 주겠어요?

bǎ xíng li bān dào fáng jiān hǎo ma
把行李搬到房间好吗？
빠 싱리 빤따오 팡잰 하오마?

여기가 손님방입니다.

zhè jiù shì kè rén de fáng jiān
这就是客人的房间。
저쮸쓰 커런더 팡잰

도와주시겠어요?

bāng yī xià máng xíng ma

帮一下忙行吗?

빵 이쌰 망 싱마?

룸서비스를 하고 싶은데 어떻게 하나요?

xū yào fáng jiān fú wù gài zěn me zuò

需要房间服务该怎么做?

쉬이요우 팡잰 푸우 까이 쩐머쭤?

룸서비스를 부탁합니다.

xū yào kè fáng fú wù

需要客房服务。

쉬요우 커팡 푸우

내일 아침 8시에 아침을 먹고 싶은데요.

xiǎng míng tiān zǎo shàng bā diǎn chī zǎo cān
想明天早上八点吃早餐。

샹 밍탠 짜오쌍 빠댄 츠 짜오찬

샌드위치하고 음료수 좀 가져다 주시겠어요?

kě yǐ gěi wǒ ná sān míng zhì hé yǐn liào ma
可以给我拿三明治和饮料吗？

커이 게이워 나아 싼밍쯔허 인료마?

따뜻한 마실 물이 필요한데요.

xiǎng hē rè shuǐ
想喝热水。

샹 허어 러어쑤이

몇 호입니까?

jǐ hào
几号？

지이 하오?

여기는 1234호실입니다.

zhè li shì yāo èr sān sì hào fáng jiān
这里是1234号房间。

쩌리쓰 요얼싼쓰하오 팡잰

어느 정도 시간이 걸립니까?

xū yào duō cháng shí jiān

需要多长时间?

쉬야오 둬창쓰잰?

1시간 정도 걸립니다.

dà yuē xū yào yī xiǎo shí

大约需要一小时。

따 웨이 쉬이요우 이쏘스

(노크하면) 누구십니까?

nín shì shéi

您是谁?

닌 쓰 쎄이?

잠시 기다리세요.

shāo děng

稍等。

싸오 덩

들어오세요.

qǐng jìn

请进。

칭 찐

이건 팁입니다.
zhè shì xiǎo fèi
这是小费。
저쓰 샤오페이

모닝콜을 부탁합니다.
wǒ xiǎng yào jiào xǐng fú wù
我想要叫醒服务。
워샹 요우 쨔오싱푸우

몇 시에 말입니까?
jǐ diǎn zhōng
几点钟？
지낸쭝'?

7시에 부탁합니다.
qī diǎn ba
七点吧。
치 댄바

방 번호를 말씀하십시오.
qǐng gào sù wǒ fáng jiān hào mǎ
请告诉我房间号码。
칭 까오쑤워 팡잰 하오마

여기는 1234호실입니다.

zhè li shì yāo èr sān sì hào fáng jiān
这里是1234号房间。

쩌리쓰 요얼싼쓰 하오 팡잰

마사지를 부탁합니다.

xiǎng zuò àn mó
想做按摩。

샹 쭤 안머

세탁 서비스는 있습니까?

yǒu xǐ yī fú wù ma
有洗衣服务吗?

유 시이 푸우마?

제 방을 청소해주십시오.

qǐng dǎ sǎo yī xià wǒ de fáng jiān
请打扫一下我的房间。

칭 따싸오 이쌰 워더 팡잰

호텔시설 이용하기

자판기는 있습니까?

yǒu zì dòng shòu huò jī ma

有自动售货机吗?

유 즈뚱 써우훠 지마?

이 호텔에 테니스코트는 있습니까?

zhè jiǔ diàn yǒu wǎng qiú chǎng ma

这酒店有网球场吗?

쩌 쥬우댄 유 왕츄창마?

가라오케는 어디서 할 수 있나요?

zài nǎ r kě yǐ chàng gē

在哪儿可以唱歌?

짜이 나얼 커이창거?

식당은 어디에 있습니까?

fàn diàn zài nǎ li

饭店在哪里?

판댄 짜이 나리?

몇 시까지 영업합니까?

yíng yè dào jǐ diǎn

营业到几点?

잉예 따오 지댄?

식당 예약 좀 해 주시겠어요?

qǐng bāng wǒ yù dìng wèi zi

请帮我预定位子。

칭 빵워 위딩 워이즈

커피숍은 어디에 있습니까?

kā fēi tīng zài nǎ r

咖啡厅在哪儿?

카페이팅 짜이 나얼?

바는 언제까지 합니까?

jiǔ bā yíng yè dào jǐ diǎn

酒吧营业到几点?

쥬바 잉예 따오지댄?

한국으로 전화를 하고 싶은데요.

xiǎng wǎng hán guó dǎ diàn huà
想往韩国打电话。

샹 왕한궈 따땐화

이메일을 체크하고 싶은데요.

wǒ xiǎng què rèn yī xià diàn zǐ yóu jiàn
我想确认一下电子邮件。

워샹 췌런이샤 땐즈 유잰

팩스(복사기)는 있습니까?

yǒu chuán zhēn jī(fù yìn jī)ma
有传真机（复印机）吗？

유 촨찐지(푸인지)마?

한국으로 팩스를 보내고 싶은데요.

xiǎng wǎng hán guó fā chuán zhēn
想往韩国发传真。

샹 왕한궈 파촨쩐

세탁을 부탁합니다.

wǒ yǒu yào xǐ de yī fu
我有要洗的衣服。

워 유 요우 시더 이푸

이 와이셔츠를 다려 주시겠어요?

qǐng yùn yī xià zhè ge chèn shān
请熨一下这个衬衫。

칭 윈이쌰 쩌거 천싼

이 얼룩을 빼 주겠어요?

zhè ge wū zì néng xǐ diào ma
这个污渍能洗掉吗?

쩌거 우즈 넝 시따오마?

언제 됩니까?

shén me shí hòu yùn hǎo
什么时候熨好?

썬머쓰허우 윈하오?

빨리 해 주시겠어요?

qǐng kuài yī diǎn
请快一点。

칭 콰이 이댄

미용실은 있습니까?

yǒu měi róng yuàn ma
有美容院吗?

유 메이룽왠마?

오늘 오후에 예약할 수 있습니까?

jīn tiān xià wǔ néng yù yuē ma

今天下午能预约吗?

진탠 쌰우 넝위웨마?

(헤어스타일을) 어떻게 할까요?

yào zěn me zuò

要怎么做?

요우 쩐머쭤?

조금만 깎아 주세요.

zhǐ jiǎn yī diǎn

只剪一点。

즈젠 이댄

짧게 깎아 주세요.

jiǎn duǎn yī diǎn

剪短一点。

잰 돤 이댄

너무 짧게 하지 마세요.

bù yào jiǎn tài duǎn

不要剪太短。

뿌야오 쟨 타이돤

옆을 조금 잘라 주세요.

jiǎn yī diǎn páng biān

剪一点旁边。

잰 이댄 팡밴

커트와 샴푸만 해 주세요.

wǒ xiǎng zuò jiǎn fà hé xǐ fà

我想做剪发和洗发。

워 샹쭤 잰파 허 씨파

커트와 면도를 부탁합니다.

wǒ xiǎng zuò jiǎn fà hé guā liǎn

我想做剪发和刮脸。

워 샹쭤 잰파 허 과랜

누구를 불러 드릴까요?

nín yào zhǎo shéi

您要找谁?

닌 요우 짜오쎄이?

한국어를 할 줄 아는 사람은 있나요?

yǒu méi yǒu huì shuō hán guó yǔ de rén

有没有会说韩国语的人？

유 메이유 후이 쉬 한궈위더런?

이 전화는 한국에 걸립니까?

zhè bù diàn huà néng dǎ dào hán guó ma

这部电话能打到韩国吗？

쩌뿌 땐화 넝 따따오 한궈마?

방에서 한국으로 전화할 수 있나요.?

zài fáng jiān lǐ néng wǎng hán guó dǎ diàn huà ma

在房间里能往韩国打电话吗?

짜이 팡쟨리 넝 왕한궈 따땐화마?

전화요금은 얼마입니까?

huà fèi shì duō shǎo

话费是多少?

화페이쓰 둬싸오?

당신의 이름과 호실을 말씀하십시오.

shuō yī xià nín de xìng míng hé fáng jiān hào

说一下您的姓名和房间号。

쉬이쌰 닌더 씽밍허 팡쟨하오

그대로 기다리십시오.

qǐng bù yào guà diàn huà shāo děng

请不要挂电话稍等。

칭 뿌우요우 꽈땐화 싸오덩

전화를 끊고 잠시 기다려 주십시오.

guà jī hòu qǐng shāo děng

挂机后请稍等。

꽈지허우 칭 싸오덩

자 말씀하십시오.

qǐng jiǎng
请讲。

통화중입니다.

zhèng zài tōng huà zhōng
正在通话中。

쩡짜이 퉁화아쭝

응답이 없습니다.

méi rén jiē
没人接。

메이 런셰

우표는 어디서 살 수 있나요?

zài nǎ li néng mǎi dào yóu piào
在哪里能买到邮票？

짜이 나리 넝 마이또우 유표우?

우표 자동판매기는 어디에 있습니까?

yóu piào zì dòng shòu huò jī zài nǎ
邮票自动售货机在哪？

유표우 즈뚱써우훠지 짜이나?

이 편지를 부쳐 주세요.

qǐng bāng wǒ jì zhè fēng xìn

请帮我寄这封信。

칭 빵워찌 쩌펑씬

한국까지 항공편으로 보내 주세요.

bāng wǒ tuō yùn dào hán guó

帮我托运到韩国。

빵워 퉈윈따오 한궈

이 소포를 한국으로 보내고 싶은데요.

xiǎng bǎ zhè ge bāo guǒ yóu dào hán guó

想把这个包裹邮到韩国。

샹 빠쩌어거 뽀우궈 유또우 한궈

열쇠가 잠겨 방에 들어갈 수 없습니다.

fán jiān mén suǒ le jìn bù qù

房间门锁了进不去。

팡잰먼 쉬러 찐뿌취

열쇠를 방에 두고 나왔습니다.

bǎ yào shi là zài fáng jiān lǐ le

把钥匙落在房间里了。

빠요우쓰 라짜이 팡잰리러

마스터키를 부탁합니다.

wǒ xū yào wàn néng yào shi

我需要万能钥匙。

워 쉬요우 완넝요우쓰

카드키는 어떻게 사용합니까?

zěn me shǐ yòng fáng jiān kǎ
怎么使用房间卡？

쩐머 쓰융 팡잰카?

방 번호를 잊어버렸습니다.

wàng jì fáng jiān hào le
忘记房间号了。

왕지 팡잰 호우러

복도에 이상한 사람이 있습니다.

zǒu láng yǒu kě yí rén yuán
走廊有可疑人员。

쩌우랑 유 커이런왠

옆방이 무척 시끄럽습니다.

páng biān fáng jiān tè bié chǎo nào
旁边房间特别吵闹。

팡밴팡잰 터베 초우노우

다른 방으로 바꿔 주세요.

gěi wǒ huàn bié de fáng jiān
给我换别的房间。

게이워 환 베더 팡잰

화장실 물이 잘 흐르지 않습니다.

xǐ shǒu jiān de shuǐ liú hěn xiǎo

洗手间的水流很小。

시 써우잰더 쑤이류헌쇼우

뜨거운 물이 나오지 않는데요.

méi yǒu rè shuǐ

没有热水。

메이유 러쑤이

물이 뜨겁지 않습니다.

shuǐ bù rè

水不热。

쑤이 뿌러어

물이 샙니다.

lòu shuǐ

漏水。

러우 쑤이

수도꼭지가 고장 났습니다.

shuǐ lóng tóu huài le

水龙头坏了。

쑤이룽터우 화이러

물이 뜨겁지 않습니다.

shuǐ bù rè
水不热。

쑤 이뿌러어

방 청소가 아직 안 되었습니다.

fáng jiān hái méi dǎ sǎo
房间还没打扫。

팡잰 하이 메이 따싸오

미니바가 비어 있습니다.

mí nǐ bā tái kōng le
迷你吧台空了。

미니 빠타이 쿵러

타월을 바꿔 주세요.

huàn yī xià yù jīn
换一下浴巾。

환이쌰 위진

수건이 없습니다.

méi yǒu máo jīn
没有毛巾。

메이유 마오진

제가 부탁한게 아직 안 왔습니다.

wǒ yào de dōng xi hái méi dào

我要的东西还没到。

워 요우더 뚱씨 하이메이또우

빨리 고쳐 주세요.

qǐng kuài diǎn gěi wǒ xiū lǐ

请快点给我修理。

칭 콰이댄 게이워 슈리

지금 곧 사람을 보내 수리해드리겠습니다.

wǒ men mǎ shàng pài rén qù xiū lǐ

我们马上派人去修理。

워먼마쌍 파이런취 슈리

체크아웃은 몇 시입니까?

tuì fáng shí jiān shì shén me shí hou

退房时间是什么时候?

투이팡쓰쟨 쓰 썬머스허우?

체크아웃을 하고 싶은데요.

wǒ xiǎng tuì fáng

我想退房。

워샹 투이팡

하룻밤 더 묵고 싶은데요.

hái xiǎng zhù yī tiān

还想住一天。

하이샹 쭈이탠

하루 일찍 떠나고 싶은데요.

xiǎng tí qián yī tiān lí kāi
想提前一天离开。

샹 티챈이탠 리카이

오후까지 방을 쓸 수 있나요?

fáng jiān kě yǐ yòng dào xià wǔ ma
房间可以用到下午吗？

팡잰 커이융따오 샤우마?

오전 10시에 택시를 불러 주세요.

shàng wǔ shí diǎn gěi wǒ jiào yī xià jì chéng chē
上午十点给我叫一下计程车。

쌍우스댄 게이워 샤오 이쌰 씨청서

포터를 보내 주세요.

qǐng gěi wǒ jiào yī xià xíng li yuán
请给我叫一下行李员。

칭게이워 쨔오 이쌰 싱리왠

맡긴 귀중품을 꺼내 주세요.

gěi wǒ ná jì cún de guì zhòng wù pǐn
给我拿寄存的贵重物品。

게이워나아 찌춘더 꾸이쭝우핀

출발할 때까지 짐을 맡아 주시겠어요?

bāng wǒ bǎo guǎn yī xià xíng li dào chū fā zhī qián
帮我保管一下行李到出发之前。
빵워 뽀우관이쌰 싱리 또우추파즈챈

방에 물건을 두고 나왔습니다.

dōng xi là zài fáng jiān lǐ le
东西落在房间里了。
뚱시 라짜이 팡쟨리러

계산을 부탁합니다.

jié zhàng
结账。
제짱

신용카드도 됩니까?

néng yòng xìn yòng kǎ ma
能用信用卡吗?
넝 융 씬융카마?

전부 포함된 겁니까?

suǒ yǒu de dōu bāo kuò le ma
所有的都包括了吗?
쉬유더 더우뽀우 퀴러마?

계산이 틀린 것 같은데요.

hǎo xiàng suàn cuò le ba
好像算错了吧。

하오썅쏸 춰러바

영수증을 주십시오.

gěi wǒ kāi fā piào
给我开发票。

게이워카이 파표우

고맙습니다. 즐겁게 보냈습니다.

xiè xic guò dc hěn yú kuài
谢谢！过得很愉快。

쎼쎼! 꿔더헌위콰이

이 근처에 맛있게 하는 음식점은 없습니까?

zhè fù jìn yǒu tè bié hǎo chī de fàn diàn ma
这附近有特别好吃的饭店吗？

저푸진 유 터볘하오츠더 판땐마?

음식을 맛있게 하는 가게가 있으면 가르쳐 주세요.

rú guǒ yǒu bù cuò de cān tīng qǐng gào sù wǒ
如果有不错的餐厅请告诉我。

루궈유 뿌춰더 찬팅 칭 까오쑤워

호텔

빈관, 반점, 대주점이라는 이름을 주로 사용하며 호텔 등급은 국가 여행국에서 인증하며 최고급 호텔은 별 다섯 개(오성 호텔)이다.

레지던스 호텔
(호텔형 주거 시스템)

숙박과 취사가 가능하여 세탁기, 그릇, 전자렌지 등이 구비되어 있으며 아침 식사가 제공되는 곳도 있다. 수영장, 피트니스 센터 등의 부대시설이 구비된 곳도 있다.

비즈니스 호텔

숙박과 아침 식사만 제공하면서 가격은 호텔보다 저렴하다. 여관보다는 고급스럽고 정식 호텔에서 제공하는 서비스는 줄여 경제성을 강조한 호텔로서 중국내에서 매우 빠르게 증가하고 있다.

똑똑한 호텔 예약

- 현지 여행 업체에서 예약하는 것이 가장 저렴하다.(숙박만 예약할 경우)
- 비수기와 성수기를 잘 파악하여 여행 계획을 세운다.(성수기 는 할인이 어렵다)
- 무조건 일급 호텔을 고집하지 말고 신축 호텔을 이용하면 최 상의 혜택을 누릴 수 있다.
- 홍콩에서는 반드시 여행사나 에이전트를 통해야 숙박비를 할인 받을 수 있다.

호텔 선정

여행지 지도에 기재되어 있 는 호텔은 비교적 좋은 호 텔인 경우가 많다. HOTEL 이라고 적혀있는 곳은 보통 2성급 이상이다.

문 앞에 도어맨이 있는 경 우 3성급 이상으로 생각한 다. 외국인이 많이 투숙한 호텔에서 숙박한다.

- 중국은 체크인 시 여권 과 비자를 확인하며, 단체 비자를 받은 경우 비자를 받은 여권 소지자가 있어야

체크인이 가능하다. 보증금
(야진)은 정해진 금액이 없
고 호텔별로 다른데 15% 이
내로 위안화 또는 카드결재
가 가능하며 체크아웃 시에
돌려받거나 결재취소 한다.

● 체크아웃 시 기물파손 등
의 문제가 생기면 보증금(야진)에서 공제되므로 주의한다.

유스호스텔

기본적인 설비는 이성급 호
텔 정도로 숙소 안에 세탁
시설, 인터넷, 카페, 여행
사, 식당 등의 편의 시설이
있으며 북경, 상해 등 대도
시에 많다. 장점은 경제적
이며 세계 각지의 친구를
사귈 수 있는 것과 중국내

안전한 거리에 위치해 있으며 유명 관광지와도 가깝다. 단점은
여러 명이 한 방을 사용하기 때문에 분실 사고에 취약하고 공동
화장실을 사용해야 한다.

여관

저렴한 숙소, 외국인 투숙이 제한된 곳이 많다. 호텔과는 다르게
등급이 없다.

초대소

지방 출장이 많은 공무원이나 군관계자들을 위한 내부 숙소로 외
국인의 투숙이 금지되어 있지만 간혹 숙박이 가능한 곳도 있다.

민박

한국 사람들이 자주 이용하
는 중국 숙박시설로 법률적
으로는 불법이지만 조선족이
나 한국인이 운영하는 곳들
이 많고 가격도 호텔에 비해
저렴하다. 공항 픽업서비스
나 주변의 상세한 여행정보
등을 얻을 수 있고 식사는 주
로 한식이 제공된다.

※ 중국은. 외국인을 보호한다는 차원에서 국가에서 허용된 장소에서
만 숙박이 가능하다. 일반적으로 3성급 호텔 이상에 투숙이 가능하며
만약의 사고(분실사고 등의)가 발생하였을 경우 어디에서 숙박하였는
지가 무척 중요하니 초대소와 민박은 신중하게 생각한다.

※ 주숙등기 – 호텔, 숙박업소, 주택을 막론하고 외국인이 입국하면
반드시 파출소에 신고하여 주거확인증을 받는 것을 말한다. 보통 3성
급 이상의 호텔과 기숙사 등은 자동신고 되지만 그렇지 않은 경우 24
시간 이내에 필요서류를 구비해 파출소에서 등록해야 한다.

预约(yù yuē) 위웨   예약

登记(dēng jì) 떵 지이   등록

订金(dìng jīn) 띠잉 진   계약금

取消(qǔ xiāo) 취 샤오   취소

确认(què rèn) 췌 런   확인

包括(bāo kuò) 뽀우 쿼   포함하다

滞留(zhì liú) 쯔 류우   머무르다

浴室(yù shì) 위 쓰   욕실

景观(jǐng guān) 지잉 꾸안   경관

空房(kōng fáng) 쿵 팡   빈 방

优惠券(yōu huì quàn) 유우 후이 챈   쿠폰

贵重的(guì zhòng de) 꾸이 쭝더   귀중한

行李(xíng li) 싱 러이   짐

忘(wàng) 왕   잊어버리다

按摩(àn mó) 안 머   안마

机器 (jī qì) 지 치	기계
洗衣物 (xǐ yī wù) 시이이 우	세탁물
衬衫 (chèn shān) 천 싼	셔츠
理发店 (lǐ fà diàn) 리이 파 댄	미용실
头发 (tóu fà) 터우 파아	머리, 모발
刮脸 (guā liǎn) 과랜	면도
修剪 (xiū jiǎn) 슈지앤	다듬다
短的 (duǎn de) 똰 더	짧은
往前 (wǎng qián) 왕 치앤	앞으로
忙的 (máng de) 망 더	바쁜
回答 (huí dá) 후이 다아	대답
售货 (shòu huò jī) 써우훠 지	자판기
锁 (suǒ) 쉬어	잠그다
使用 (shǐ yòng) 쓰융	사용하다
还 (hái) 하이	아직

PART 03
饭店
레스토랑

① 이 식당은 어디에 있습니까?

这个饭店在哪?

zhè ge fàn diàn zài nǎ

쩌어거어 판댄 짜이나아?

식당 대신 쓸수 있는 단어

- **自助餐厅**(zì zhù cān tīng) 뷔페
- **咖啡店**(kā fēi diàn) 커피숍 ● **快餐厅**(kuài cān tīng) 스낵

② 아침 식사를 하려는데요.

想用早餐。

xiǎng yòng zǎo cān

샹 융 쪼우 찬

아침식사 대신 쓸수 있는 단어

- **零食**(líng shí) 간식 ● **晚餐**(wǎn cān) 만찬
- **午餐**(wǔ cān) 점심 식사
- **简单的晚餐**(jiǎn dān de wǎn cān) 가벼운 저녁 식사

③ 햄버거는 내가 제일 좋아하는 음식입니다.

汉堡是我最喜欢的食品。

hàn bǎo shì wǒ zuì xǐ huan de shí pǐn

한바오쓰 워 쭈이시환더 쓰핀

햄버거 대신 쓸수 있는 단어

- **海鲜料理**(hǎi xiān liào lǐ) 해물요리
- **龙虾**(lóng xiā) 바닷가재 ● **三明治**(sān míng zhì) 샌드위치

④ 이 레스토랑은 구운 고기로 유명합니다.

这个餐厅以烤肉有名。

zhè ge cān tīng yǐ kǎo ròu yǒu míng

쩌거 찬팅이 카우러우 유밍

구운 대신 쓸 수 있는 단어

- **拌料的**(bàn liào de) 양념한
- **火烤的**(huǒ kǎo de) 불에 구운
- **油炸的**(yóu zhá de) 기름에 튀긴
- **用铁格栅烤的**(yòng tiě gé zhà kǎo de) 석쇠에 올려놓고 구운

⑤ 마늘은 넣지 말아 주세요.

不要放蒜。

bù yào fàng suàn

부우 요우 팡 쏸

마늘 대신 쓸 수 있는 단어

- **胡萝卜**(hú luó bo) 당근
- **胡椒**(hú jiāo) 후추
- **白糖**(bái táng) 설탕
- **洋葱**(yáng cōng) 양파
- **盐**(yán) 소금
- **生姜**(shēng jiāng) 생강

⑥ 어떤 맥주가 있습니까?

有什么样的啤酒?

yǒu shén me yàng de pí jiǔ

유 썬머양더 피이쥬우?

맥주 대신 쓸 수 있는 단어

- **葡萄酒**(pú táo jiǔ) 포도주
- **酒类**(jiǔ lèi) 주류
- **伏特加**(fú tè jiā) 보드카
- **威士忌**(wēi shì jì) 위스키
- **白兰地**(bái lán dì) 브랜디

식당찾기와 예약하기

식당이 많은 곳은 어디입니까?

fàn diàn duō de dì fang shì nǎ li

饭店多的地方是哪里？

판댄 둬더디팡 쓰나리?

이곳에 한국 식당은 있습니까?

zhè r yǒu hán guó fàn diàn ma

这儿有韩国饭店吗？

쩌얼유 한궈판댄마?

가볍게 식사를 하고 싶은데요.

xiǎng jiǎn dān de chī yī dùn

想简单的吃一顿。

샹 잰딴더 츠이뚠

이 지방의 명물요리를 먹고 싶은데요.

wǒ xiǎng chī zhè dì fāng de tè sè cài
我想吃这地方的特色菜。

워 샹츠 쩌디팡더 터써차이

싸고 맛있는 가게는 있습니까?

yǒu jì pián yi yòu hǎo chī de diàn ma
有既便宜又好吃的店吗？

유 찌팬이 유 하오츠더 땐마?

이 시간에 문을 연 가게는 있습니까?

yǒu zhè ge shí jiān hái yíng yè de fàn diàn ma
有这个时间还营业的饭店吗？

뉴 쩌거쓰쟨 하이 잉예더 판땐마?

(책을 보이며) 이 식당은 어디에 있습니까?

zhè ge fàn diàn zài nǎ r
这个饭店在哪儿？

쩌거 판댄 짜이나얼?

이 지도 어디에 있습니까?

zài zhè ge dì tú de nǎ biān
在这个地图的哪边？

짜이 쩌거 띠투더 나밴?

걸어서 갈 수 있습니까?

néng zǒu zhe qù ma

能走着去吗?

넝 쩌우저 취마?

몇 시부터 엽니까?

jǐ diǎn kāi diàn

几点开店?

지댄 카이땐?

예약이 필요한가요?

xū yào yù yuē ma

需要预约吗?

쉬야오 위웨마?

오늘밤 예약하고 싶은데요.

xiǎng yù yuē jīn tiān wǎn shàng

想预约今天晚上。

샹위웨 진탠완쌍

거기는 어떻게 갑니까?

nà r zěn me qù

那儿怎么去?

나얼 쩌머취?

몇 시에 자리가 납니까?

jǐ diǎn zhōng yǒu wèi zǐ

几点钟有位子?

지댄중 유 워이즈?

몇 시라면 좋으시겠습니까?

zuì hǎo jǐ diǎn zhōng

最好几点钟?

쭈이하오 지댄중?

손님은 몇 분이십니까?

jǐ wèi

几位?

지워이?

오후 6시 반에 5명이 갑니다.

xià wǔ liù diǎn bàn qù wǔ wèi

下午六点半去五位。

쌰우 류댄빤 취우워이

전원 같은 자리로 해 주세요.

quán yuán yào zài yí yàng de wèi zhì

全员要在一样的位置。

챈왠 요우짜이 이양더 워이즈

음식 주문하기

안녕하세요. 예약은 하셨습니까?

nín hǎo, yù yuē le ma

您好，预约了吗？

닌하오, 위웨러마?

예약을 하지 않았습니다.

méi yù yuē

没预约。

메이 위웨

6시에 예약한 홍길동입니다.

liù diǎn zhōng yù yuē de hóng jí tóng

六点钟预约的洪吉童。

류댄중 위웨더 훙지퉁

몇 분이십니까?

jǐ wèi

几位？

지 워이?

안내해드릴 때까지 기다려 주십시오.

qǐng shāo děng, yī huì r yǒu rén huì ān pái

请稍等，一会儿有人会安排。

칭 싸오덩, 이후이얼 유런 후이 안파이

금연(흡연)석으로 부탁합니다.

wǒ xiǎng dìng yī ge jìn yān(xī yān)xí de wèi zi

我想定一个禁烟(吸烟)席的位子。

워 샹 띵이기 찐앤(시앤)시더 워이즈

주문하시겠습니까?

diǎn shén me cài

点什么菜？

댄 썬머 차이?

메뉴 좀 보여 주세요.

kàn yī xià cài dān

看一下菜单。

칸이쌰 차이딴

한국어 메뉴는 있습니까?

yǒu hán yǔ de cài dān ma

有韩语的菜单吗?

유 한위더 차이딴마?

메뉴에 대해서 가르쳐 주세요.

qǐng gěi wǒ shuō yī xià cài dān

请给我说一下菜单。

칭 게이워 숴이쌰차이딴

잠깐 기다려 주세요.

shāo děng

稍等。

싸오덩

웨이터, 주문받으세요.

fú wù yuán, diǎn cān

服务员，点餐。

푸우왠, 댄찬

이것으로 부탁합니다.

wǒ yào diǎn zhè ge

我要点这个。

워야오 댄쩌거

오늘 특별 요리가 있습니까?

jīn tiān de tè bié liào lǐ shì shén me

今天的特别料理是什么？

진탠더 터볘 랴오리 쓰 썬머?

여기서 잘하는 요리는 무엇입니까?

zhè biān de zhǔ dǎ cài shì shén me

这边的主打菜是什么？

쩌밴더 주따차이쓰 썬머?

(메뉴를 가리키며) 이것과 이것으로 주세요.

qǐng gěi wǒ zhè ge hé zhè ge

请给我这个和这个。

칭 게이워 쩌거 히쩌기

저도 같은 것으로 주세요.

wǒ yě yào yī yàng de

我也要一样的。

워 예요우 이양더

빨리 되는 것은 있습니까?

nǎ ge zuò de kuài

哪个做得快？

나거쭤더 콰이?

저것과 같은 요리를 주시겠어요?

yào gēn nà ge yī yàng de cài
要跟那个一样的菜。

요우 껀나거 이양더 차이

이것은 무슨 요리입니까?

zhè shì shén me caì
这是什么菜?

쩌쓰 썬머 차이?

어떤 요리인지 설명해 주시겠어요?

néng jiè shào yī xià zhè dào caì ma
能介绍一下这道菜吗?

넝 쩨싸오이 쌰 쩌따오 차이마?

야채요리에는 어떤 것이 있습니까?

sù caì yǒu nǎ xiē
素菜有哪些?

쑤 차이 유나셰?

다른 주문은 없으십니까?

hái yǒu yào diǎn de ma
还有要点的吗?

하이유 요우 댄더마?

디저트는 어떻게 하시겠습니까?

xiǎng yào shén me cān hòu diǎn xīn
想要什么餐后点心？

샹 요우 썸머 찬허우 댄신?

디저트는 뭐가 있나요?

cān hòu tián pǐn yǒu shén me
餐后甜品有什么？

찬허우 탠핀유 썸머?

디저트를 주세요.

yào tián diǎn
要甜点。

요우 탠댄

커피만 주세요.

jiù yào kā fēi
就要咖啡。

쮜 요우 카페이

맛있는 음식 즐기기

이것은 재료로 무엇을 사용한 겁니까?

zhè shì yòng shén me cái liào zuò de

这是用什么材料做的?

쩌쓰융 썬머 차이 랴오쭤더?

이 고기는 무엇입니까?

zhè shì shén me ròu

这是什么肉?

쩌쓰 썬머 러우?

요리재료는 뭡니까?

zhè dào caì de yuán liào shì shén me

这道菜的原料是什么?

쩌따오 차이더위앤 랴오 쓰썬머?

먹는 법을 가르쳐 주시겠어요?

jiāo wǒ zěn me chī hǎo ma
教我怎么吃好吗?

쟈오 워 쩐머츠 하오마?

이건 어떻게 먹으면 됩니까?

zhè ge zěn me chī
这个怎么吃?

쩌거쩐머츠?

빵을 좀 더 주실래요?

zài nǎ diǎn miàn bāo hǎo ma
再拿点面包好吗?

짜이나댄 미앤 빠오 하오마?

물 한 잔 주세요.

gěi wǒ yī bēi shuǐ
给我一杯水。

게이워 이뻬이쑤이

소금 좀 갖다 주시겠어요?

qǐng ná diǎn yán
请拿点盐。

칭 나 디앤앤?

젓가락을 떨어뜨려버렸습니다.

kuài zi diào zài dì shàng le

筷子掉在地上了。

콰이즈 뚀오짜이 띠쌍러

~을 추가로 부탁합니다.

zài jiā ○○

再加○○。

짜이 쟈○○

이걸 치워주시겠어요?

néng shōu shí yī xià zhè ge ma

能收拾一下这个吗？

넝 써우스이쌰 쩌거마?

(맛은) 어떠십니까?

wèi dao zěn me yàng

味道怎么样？

워이따오 쩐머양?

맛있는데요.

hěn hǎo chī

很好吃。

헌 하오츠

생맥주는 있습니까?

yǒu shēng pí ma

有生啤吗?

유 썽피마?

글라스로 주문됩니까?

néng diǎn yī bēi ma

能点一杯吗?

넝 댄이 뻬이마?

어떤 맥주가 있습니까?

yǒu shén me pi jiǔ

有什么啤酒?

유 썬머피 쥬우?

이 지방의 독특한 술입니까?

shì zhè ge dì fang dú yǒu de jiǔ ma

是这个地方独有的酒吗?

쓰 쩌거 띠팡 두유더 쥬우마?

어떤 술입니까?

shén me yàng de jiǔ

什么样的酒?

썬머양더 쥬우?

가벼운 술이 좋겠습니다.

dù shù dī de jiǔ huì hǎo yī xiē
度数低的酒会好一些。

뚜쑤 디더쥬우 후이하오이세

맥주가 별로 차갑지 않네요.

pí jiǔ bù liáng
啤酒不凉。

피쥬우 뿌량

건배!

gān bēi
干杯!

깐 뻬이!

한 잔 더 주세요.

zài lái yī bēi
再来一杯。

짜이라이 이뻬이

한 병 더 주세요.

zài lái yī píng
再来一瓶。

짜이라이 이핑

음료는 어떻게 하시겠습니까?

xū yào shén me yǐn liào

需要什么饮料?

쉬야오 썬머인랴오?

물을 주시겠어요?

néng gěi wǒ shuǐ ma

能给我水吗?

넝 게이워 쑤이마?

생수 좀 주세요.

qǐng lái yī píng kuàng quán shuǐ

请来一瓶矿泉水。

칭 라이이핑 쾅쥐앤쑤이

식당내 트러블

주문한 게 아직 안 나왔습니다.

diǎn de cài hái méi chū lái

点的菜还没出来。

댄더차이 하이메이 추라이

어느 정도 기다려야 합니까?

hái yào děng duō jiǔ

还要等多久?

하이요우 떵 둬쥬우?

아직 시간이 많이 걸립니까?

hái xū yào hěn chǎng shí jiān ma

还需要很长时间吗?

하이쉬 요우 헌창쓰잰마?

조금 서둘러 주겠어요?

zài cuī yī xià

再催一下？

짜이 추이이쌰?

벌써 30분이나 기다리고 있습니다.

yǐ jing děng le bàn gè xiǎo shí le

已经等了半个小时了。

이징떵러 빤꺼쇼우쓰러

주문을 취소하고 싶은데요.

wǒ xiǎng qǔ xiāo diǎn de cài

我想取消点的菜。

워샹 쥐쌰오댄더 자이

주문을 확인해 주겠어요?

néng què rèn yī xià diǎn de cài ma

能确认一下点的菜吗？

넝 췌런이쌰 댄더 차이마?

이건 주문하지 않았는데요.

méi diǎn zhè ge

没点这个。

메이댄 쩌거

주문을 바꿔도 되겠습니까?

kě yǐ huàn diǎn de caì ma

可以换点的菜吗?

커이 환댄더 차이 마?

새 것으로 바꿔 주세요.

huàn yī pán xīn de

换一盘新的。

환 이판씬더

수프에 뭐가 들어있습니다.

tāng lǐ miàn yǒu shén me dōng xi

汤里面有什么东西。

탕리맨 유 썬머뚱시

요리가 덜 된 것 같네요.

cài hǎo xiàng méi shú

菜好像没熟。

차이 하오쌍 메이수

이 스테이크는 너무 구워졌어요.

niú pái kǎo de tài shú le

牛排烤的太熟了。

뉴파이 카오더 타이수러

이 요리를 데워 주세요.

rè yī xià zhè dào caì

热一下这道菜。

러이 쌰쩌 또우차이

너무 많아서 먹을 수 없습니다.

tài duō le, chī bù le

太多了, 吃不了。

타이둬러, 츠뿌러

패스트푸드 먹기

이 근처에 패스트푸드점은 있습니까?

zhè fù jìn yǒu kuài cān diàn ma

这附近有快餐店吗?

쩌푸진 유 콰이찬댄마?

어디서 주문합니까?

zài nǎ dìng cān

在哪定餐?

짜이나 띵찬?

햄버거하고 커피 주시겠어요?

wǒ yào hàn bǎo hé kā fēi

我要汉堡和咖啡。

워 요우 한빠오허 카페이

2번 세트로 주세요.

wǒ yào èr hào tào cān

我要二号套餐。

워요우 얼하오 타오찬

이것을 주세요.

qǐng gěi wǒ zhè ge

请给我这个。

칭 게이워 쩌거

샌드위치를 주세요.

qǐng gěi wǒ sān míng zhì

请给我三明治。

칭 게이워 싼밍쯔

어느 사이즈로 하시겠습니까?

yào duō dà de

要多大的？

야오 둬따더?

마요네즈는 바르겠습니까?

yào dàn huáng jiàng ma

要蛋黄酱吗？

요우 딴황쟝마?

케첩을 주세요.

yào fān qié jiàng
要番茄酱。
요우 판 체쨩

(재료를 가리키며) 이것을 샌드위치에 넣어 주세요.

bǎ zhè ge tiān jiā dào sān míng zhì lǐ
把这个添加到三明治里。
빠 쩌거 탠쟈또우 산밍쯔리

(주문은) 전부입니다.

quán bù
全部。
챈뿌

여기서 드시겠습니까, 아니면 가지고 가실 겁니까?

zài zhè chī hái shì dài zǒu
在这吃还是带走?
짜이쩌츠 하이쓰 따이쩌우?

여기서 먹겠습니다.

zài zhè lǐ chī
在这里吃。
짜이 쩌리츠

가지고 갈 거예요.

dài zǒu

带走。

따이 쩌우

이 자리에 앉아도 되겠습니까?

kě yǐ zuò zhè r ma

可以坐这儿吗?

커이쭤 쩌얼마?

음식값 계산하기

어디서 지불하나요?

zài nǎ r jiāo kuǎn

在哪儿交款?

짜이나얼 죠우콴?

여기서 지불할 수 있나요?

kě yǐ zài zhè fù ma

可以在这付吗?

커이 짜이쩌푸마?

제가 모두 내겠습니다.

wǒ dōu fù le bā

我都付了吧。

워 떠우푸러바

제가 내겠습니다.

wǒ fù ba

我付吧。

워 푸바

따로따로 지불하고 싶은데요.

xiǎng fēn kāi zhī fù

想分开支付。

샹 펀카이즈푸

제 몫은 얼마인가요?

wǒ de fèn shì duō shǎo

我的份是多少?

워더펀 쓰 뒤싸오'?

팁은 포함되어 있습니까?

bāo hán xiǎo fèi ma

包含小费吗?

빠오한 샤오페이마?

봉사료는 포함되어 있습니까?

fú wù fèi bāo hán zài nèi ma

服务费包含在内吗?

푸우페이 빠오한 짜이네이마?

신용카드도 받나요?

néng yòng xìn yòng kǎ ma
能用信用卡吗?

넝융 씬융카마?

현금으로 낼게요.

fù xiàn jīn ba
付现金吧。

푸 쌘진바

계산해 주세요.

jié zhàng / mǎi dān
结帐 / 买单。

제짱 / 마이딴

이 요금은 무엇입니까?

zhè shì shén me fèi yong
这是什么费用?

쩌쓰 썬머페이융?

계산이 틀린 것 같습니다.

hǎo xiàng suàn de bù duì
好象算得不对。

하오썅 쏸더 부뚜이

중국 음식이 우리 입맛에 맞지 않는 주범은 '샹차이'라고 불리는 독특한 향을 내는 식물 때문이다. "부 야오 샹챠이!" 샹차이를 넣지 않는다면 중국 음식도 도전해 볼 만하다.

사천요리

중국의 양쯔강 상류지역에 발달한 요리의 총칭으로 추위와 더위가 심한 지방이기 때문에 향신료를 많이 사용하고 자극적인 맛이 특징이다. 우리나라 사람들의 입맛에도 잘 맞는 중국 요리이다.

● 마파두부 - 얼얼할 정도로 맵고 달콤하고 새콤한 맛이 어우러진 두부요리

● 파오차이 - 각종 채소를 넣고 밀봉하여 외부 공기와 차단시킨 후 발효시킨 음식

● 딴딴미앤 - 가늘고 얇은 면에 바삭한 고기가 곁들여 지는데 특유의 향이 난다.

● 훠궈 - 보통 반은 담백한 백탕, 반은 매운 홍탕에 각종 야채와 고기를 데쳐먹는 샤브샤브

광동요리

16세기에 스페인, 포르투갈과 왕래가 많아 전통적인 중국요리에 국제적인 요리관이 정착되었다. 신선함을 가장 중요시 하고 서양식 조리법이 한데 어우러져 맛이 부드럽고 담백하면서 기름기가 적고 시원한 맛을 강조하였고 대부분의 세계인들이 가장 선호하는 최고 수준의 음식이다.

● 탕추러우 - 달고 신맛이 나는 육류 음식이라는 의미로 돼지고기로 만든 탕수육 탕추리지와 닭고기로 만든 탕추지 등이 있다.

● 춘쥐안 - 얇은 밀가루 피에 만두소를 넣고 기름에 튀긴 음식이다.

● 딤섬 - 한 입 크기로 만들어진 중국식 만두로 얇은 피 안에 국물이 촉촉하게 담겨져 있다.

북경요리

북방에 위치하여 높은 칼로리가 요구되었으며 강한 화력에 단시간 조리하는 것이 특징이다. 북경은 문화의 중심지로 고급요리가 발달하였으며 밀 생산량이 많아 면류, 만두, 전병 등의 밀가루 종류가 많다.

● 베이징덕 - 중국말로는 베이징 카오야. 오리에 달콤한 소스를 발라 장작불에 구운 훈제 요리로 베이징에서 꼭 맛봐야 할 음식이다. 얇은 전병에 싸서 소스에 찍어 먹으면 된다.

● 쏸양러우 - 맑은 육수를 넣고 각종 야채와 고기를 데쳐먹는 음식으로 훠궈와 비슷하지만 담백한 육수와 다양한 소스에 찍어먹는 것이 다르다.

● 바오두 - 소나 양의 천엽을 깨끗이 씻어서 길게 자른 다음 끓는 물에 데쳐 소스와 버무림

상해요리

양쯔강과 바다에서 나오는 해산물을 재료로 삼아 장요우(간장)을 사용히는 것이 특징이다. 서양과의 무역 발달로 재료 선택이 다양하며 새로운 조리법과 진하고 달콤한 맛이 주를 이룬다.

● 바바오차이 - 여덟가지 진귀한 재료로 만들어 진다. 해산물에 죽순 등의 야채를 강한 불에 볶은 요리로 우리의 팔보채이다.

● 바바오판 - 우리의 흰 약밥 정도로 각종 견과류나 과일이 들어간다.

饭店(fàn diàn) 판 댄	식당
菜单(cài dān) 차이 딴	메뉴
吃饭(chī fàn) 츠 판	식사
点餐(diǎn cān) 댄 찬	주문하다
味道(wèi dào) 워이 도우	맛
匙和筷(chí hé kuài) 츠 허 콰이	수저
叉子(chā zi) 차아 즈	포크
餐具(cān jù), 刀(dāo) 찬 지위, 또우	나이프, 칼
筷子(kuài zǐ) 콰이 즈	젓가락
料理(liào lǐ) 료오 리이	요리
餐盘(cān pán) 찬 판	식판, 접시
饮食(yǐn shí) 인 스	음식
带走(dài zǒu) 따이 쩌우	가지고 가다
三明治(sān míng zhì) 싼밍쯔	샌드위치
非吸烟区(fēi xī yān qū) 페이 씨앤 취	비흡연석

全熟的 (quán shú de) 챈 쑤 더	완전히 익힌
轻熟 (qīng shú) 칭 쑤우	조금만 익힌
五成熟 (wǔ chéng shú) 우청 쑤우	중간 정도만 익힘
饭后甜点 (fàn hòu tián diǎn) 판 허우 탠 댄	후식
红酒 (hóng jiǔ) 후웅 쥬우	와인
面包 (miàn bāo) 맨 뽀우	빵
民俗饮食 (mín sú yǐn shí) 민수우 인스	토속음식
食物材料 (shí wu cái liào) 스우 치이료우	음시재료
生啤 (shēng pí) 썽 피	생맥주
快 (kuài) 콰이	빨리
换 (huàn) 환	바꾸다
推荐 (tuī jiàn) 투이 쨴	추천하다
需要 (xū yào) 쉬이 요우	필요하다
以后 (yǐ hòu) 이 허우	나중에
可能的 (kě néng de) 커어 넝더	가능한

TRAM STOP
FUDA
美高雅
中醫
yamaki
REGAL
LLOYD
Clarks

PART 04
交通
교통

1 이 주소로 가주세요.

请去这个地址。

qǐng qù zhè ge dì zhǐ 칭 취 쩌어거띠즈

주소 대신 쓸 수 있는 단어

- 场所 (chǎng suǒ) 장소
- 区域 (qū yù) 구역
- 街 (jiē) 거리
- 地区 (dì qū) 지역
- 地点 (dì diǎn) 지점
- 大路 (dà lù) 큰 길

2 버스터미널은 어디입니까?

巴士客运站在哪?

bā shì kè yùn zhàn zài nǎ 빠스커윈짠 짜이나?

버스터미널 대신 쓸 수 있는 단어

- 站 (zhàn) 역
- 铁道站 (tiě dào zhàn) 철도역
- 乘车口 (chéng chē kǒu) 탑승구
- 出发站 (chū fā zhàn) 출발역
- 终点站 (zhōng diǎn zhàn) 종착역

3 식당차는 어디에 있습니까?

餐车在哪?

cān chē zài nǎ 찬처 짜이나?

식당차 대신 쓸 수 있는 단어

- 卧铺车 (wò pù chē) 침대차
- 一等席 (yī děng xí) 1등칸
- 货物间 (huò wù jiān) 화물칸
- 吸烟间 (xī yān jiān) 흡연칸
- 非吸烟间 (fēi xī yān jiān) 비 흡연칸

④ 면세품 가게가 어디 있습니까?

免税店在哪?

miǎn shuì diàn zài nǎ 맨 쑤이댄 짜이 나?

면세품가게 대신 쓸수 있는 단어

- 跳蚤市场 (tiào zao shì chǎng) 벼룩시장
- 市场 (shì chǎng) 시장
- 礼品店 (lǐ pǐn diàn) 선물가게
- 特产物店 (tè chǎn wù diàn) 특산물 가게

⑤ 박물관에는 어떻게 갑니까?

博物馆怎么走?

bó wù guǎn zěn me zǒu 버우관 쩐머쩌우?

박물관 대신 쓸수 있는 단어

- 美术馆 (měi shù guǎn) 미술관
- 名胜地 (míng shèng dì) 명승지
- 市政府 (shì zhèng fǔ) 시청
- 百货大楼 (bǎi huò dà lóu) 백화점
- 故宫 (gù gōng) 고궁

⑥ 거기에 가려면 택시 밖에 없나요?

去那儿的话只有出租车吗?

qù nà r de huà zhǐ yǒu chū zū chē ma

취 나얼더화 즈유 추우주처마?

택시 대신 쓸수 있는 단어

- 公交车 (gōng jiāo chē) 버스
- 摩托车 (mó tuō chē) 오토바이
- 自行车 (zì xíng chē) 자전거
- 水上飞机 (shuǐ shàng fēi jī) 수상비행기
- 地铁 (dì tiě) 지하철
- 飞机 (fēi jī) 비행기

길묻기와 대답하기

저, 실례합니다.

dǎ rǎo yī xià

打扰一下。

따라오 이쌰

실례합니다. 잠깐 여쭙겠습니다.

dǎ rǎo le, wǒ xiǎng wèn yī xià

打扰了，我想问一下。

따라오러, 워샹 원이쌰

(지도를 가리키며) 여기는 어디에 있습니까?

zhè ge dì fāng zài nǎ

这个地方在哪？

쩌거 띠팡짜이나?

여기는 무슨 거리입니까?

qǐng wèn zhè shi shén me jiē
请问这是什么街?

칭 원 쩌쓰 썬머제에?

백화점은 어디에 있습니까?

bǎi huò dà lóu zài nǎ
百货大楼在哪?

빠이훠 따러우 짜이나?

면세점은 어디에 있습니까?

miǎn shuì diàn zài nǎ
免税店在哪?

몐쑤이뗸 짜이나?

박물관은 어떻게 가면 됩니까?

bó wù guǎn zěn me zǒu
博物馆怎么走?

버우관 쩐머쩌우?

곧장 가십시오.

qǐng jiǎn zhí zǒu
请简直走。

칭 잰즈쩌우

걸어서 몇 분 걸립니까?

zǒu lù de huà xū yào duō cháng shí jiān

走路的话需要多长时间?

쩌우루더화 쉬요우 뒤창쓰잰?

여기서 가깝습니까?

lí zhè jìn ma

离这近吗?

리이 쩌찐마?

여기서 멉니까?

lí zhè lǐ yuǎn ma

离这里远吗?

리 쩌리왠마?

거기까지 걸어서 갈 수 있습니까?

néng zǒu dào nà ma

能走到那吗?

넝 쩌우 또우나마?

거기까지 버스로 갈 수 있습니까?

zuò gōng jiāo chē néng dào nà ma

坐公交车能到那吗?

쭤꿍쟈오처 넝또우나마?

거기까지 어느 정도 시간이 걸립니까?

dào nà xū yào duō cháng shí jiān

到那需要多长时间？

또우나 쉬요우 둬창쓰잰?

이 주위에 지하철역이 있습니까?

zhè zhōu wéi yǒu dì tiě zhàn má

这周围有地铁站吗？

쩌쩌우워이 유 띠테짠마?

역으로 가는 길을 가르쳐 주시겠어요?

chē zhàn zěn me qù

车站怎么去？

처짠 찐머취?

지도를 가지고 있습니까?

yǒu dì tú ma

有地图吗？

유 띠투마?

지도에 표시해 주시겠습니까?

zài dì tú shàng gěi wǒ biāo yī xià

在地图上给我标一下？

짜이 띠투쌍 게이워 빠오이쌰?

저는 여행자입니다.

wǒ shì lái lǚ xíng de
我是来旅行的。

워 쓰라이 뤼싱더

길을 잃었습니다.

mí lù le
迷路了。

미 루러

어디에 갑니까?

qù nà r
去哪儿？

취 나얼?

이 길이 아닙니다.

bù shì zhè tiáo lù
不是这条路。

부쓰 쩌타오루

미안합니다. 잘 모르겠습니다.

bù hǎo yì si, bù tài qīng chu
不好意思，不太清楚。

뿌우 하오이쓰, 뿌타이칭추

184

저도 잘 모릅니다.

wǒ yě bù tài qīng chu
我也不太清楚。
워예 부우타이 칭추

다른 사람에게 물어보십시오.

wèn yī xià bié rén ba
问一下别人吧。
원 이쌰 볘런바

친절 베풀어 주셔서 감사합니다.

xiè xiè nín dc rè xīn
谢谢您的热心。
쎄쎄 닌 너러씬

택시승강장은 어디에 있습니까?

zuò chū zū chē de dì fāng zài nǎ li

坐出租车的地方在哪里？

쭤 추주처더디팡 짜이나리?

어디서 택시를 탈 수 있습니까?

zài nǎ néng zuò chū zū chē

在哪能做出租车？

짜이 나넝쭤 추주처?

어디서 기다리고 있으면 됩니까?

xū yào zài nǎ děng nín

需要在哪等您？

쉬야오 짜이 나 떵닌?

택시!
chū zū chē!
出租车!
추주처!

우리들 모두 탈 수 있습니까?
wǒ men dōu néng zuò xià ma
我们都能坐下吗?
워먼더우 넝 쭤샤마?

트렁크를 열어 주시겠어요?
kāi yī xià hòu bèi xiāng
开一下后备箱。
카이쌰 허우뻬이샹

짐 좀 실어주세요.
qǐng bāng wǒ bǎ xíng li fàng shàng qù ba
请帮我把行李放上去吧。
칭빵워 빠씽리 팡상취바

(주소를 보이며) 이 주소로 가 주세요.
qǐng qù zhè ge dì zhǐ
请去这个地址。
칭 취 쩌꺼 띠이즈

서둘러 주시겠어요?

qǐng kuài yī diǎn
请快一点。
칭 콰이이댄

가장 가까운 길로 가 주세요.

wǎng zuì jìn de lù zǒu
往最近的路走。
왕 쭈이찐더루 쩌우

여기서 세워 주세요.

zài zhè biān tíng
在这边停。
짜이 쩌어밴팅

다음 신호에서 세워 주세요.

qǐng zài xià yī ge hóng lù dēng tíng xià
请在下一个红灯绿停下。
칭짜이 쌰이거 씬하오덩 팅쌰

얼마입니까?

duō qián
多钱?
둬챈?

unit 3

버스로 이동하기

거스름돈은 됐습니다.

líng qián jiù bù yòng zhǎo le

零钱就不用找了。

링샌 쭈 부우융 싸오러

어디서 버스 노선도를 얻을 수 있습니까?

zài nǎ néng ná dào gōng jiāo chē lù xiàn tú

在哪能拿到公交车路线图？

짜이나 넝나아따오 꿍쟈오처루쌘투?

버스 터미널은 어디에 있습니까?

chē zhàn zài nǎ li

车站在哪里？

처짠 짜이나리?

버스는 어디서 기다립니까?

zài nǎ r děng gōng jiāo chē

在哪儿等公交车?

짜이날 덩꿍쟈오처?

어느 버스를 타면 됩니까?

zuò nǎ ge gōng jiāo chē

坐哪个公交车?

쭤 나거 꿍 쟈오처?

표는 어디서 살 수 있습니까?

zài nǎ mǎi piào

在哪买票?

짜이나 마이표우?

매표소는 어디에 있습니까?

shòu piào chù zài nǎ li

售票处在哪里?

써우퍄오추 짜이나리?

버스는 언제 옵니까?

gōng jiāo chē shén me shí hòu dào

公交车什么时候到?

꿍쟈오처 썬머 쓰러우 또우?

거기에 가는 직행버스는 있나요?

yǒu qù nà r de zhí dá chē ma
有去那儿的直达车吗?

유 취나얼더 즈따처마?

갈아타야 합니까?

yào huàn chéng ma
要换乘吗?

야오 환청마?

어디서 갈아탑니까?

zài nǎ li huàn chéng
在哪里换乘?

짜이 나리 환정?

도착하면 알려 주세요.

dào dá de huà qǐng gào sù wǒ
到达的活请告诉我。

또우 따더화 칭꼬우쑤워

어디서 내려야 하는지 알려 주십시오.

gào sù wǒ zài nǎ li xià chē
告诉我在哪里下车。

꼬우쑤워 짜이 나리쌰처

여기서 내려요.

zài zhè xià chē

在这下车。

짜이 쩌쌰처

돌아오는 버스는 어디서 탑니까?

huí lái de shí hòu zài nǎ r zuò chē

回来的时候在哪儿坐车？

후이 라이더 쓰허우 짜이나얼 쭤처?

반대편에서 타면 됩니다.

dào duì miàn zuò chē jiù xíng

到对面坐车就行。

따오 뚜이맨 쭤처 쥬싱

관광버스로 이동하기

상해를 방문하는 투어는 있습니까?

yǒu yóu lǎn shàng hǎi de guān guāng tuán ma

有游览上海的观光团吗？

유 유란 상하이너 꽌광퇀마'?

투어는 몇 시에 어니서 시작됩니까?

huán yóu shì jǐ diǎn zài nǎ kāi shǐ

环游是几点在哪开始？

환유쓰 지댄 짜이 나얼 카이쓰?

몇 시에 돌아옵니까?

jǐ diǎn huí lái

几点回来？

지댄 후이라이?

지하철 노선도를 주십시오.

qǐng gěi wǒ dì tiě lù xiàn tú

请给我地铁路线图。

칭 게이워 띠티에루쌘투

이 주위에 지하철역이 있습니까?

zhè fù jìn yǒu dì tiě ma

这附近有地铁吗？

쩌푸진 유 띠티에마?

표는 어디서 삽니까?

zài nǎ li mǎi piào

在哪里买票？

짜이나리 마이퍄오?

자동매표기는 어디에 있습니까?

zì dòng shòu piào jī zài nǎ li

自动售票机在哪里？

즈뚱 써우퍄오지 짜이나리?

이건 고궁에 갑니까?

zhè ge chē dào gù gōng ma

这个车到故宫吗？

쩌거처 따오꾸궁마?

건국문은 몇 번째입니까?

jiàn guó mén shì dì jǐ zhàn

建国门是第几站？

짼궈먼쓰 띠지싼?

다음은 어디입니까?

xià yī zhàn shì nǎ li

下一站是哪里？

쌰이짠 쓰 나리?

이 지하철은 북경역에 섭니까?

zhè ge dì tiě zài běi jīng zhàn tíng ma

这个地铁在北京站停吗？

쩌거띠티에 짜이 뻬이징짠팅마?

북경역은 몇 번째입니까?

bě jīng zhàn dào nà li hái yǒu jǐ zhàn
北京站到那里还有几站？

삐이징짠 따오나리 하이유지짠?

지금 어디 근처입니까?

xiàn zài zài shén me dì fāng fù jìn
现在在什么地方附近？

쌘짜이 짜이썬머디팡 푸진?

이 노선의 종점은 어디입니까?

zhè ge lù xiàn de zhōng diǎn shì nǎ li
这个路线的终点是哪里？

쩌거 루쌘더 쭝댄 쓰 나리?

공원으로 가려면 어디로 나가면 됩니까?

qǐng wèn qù gōng yuán yào cóng nǎ gè chū kǒu chū qù
请问去公园要从哪个出口出去？

칭원 취꿍왠 야오 충나거추커우 추취?

천안문으로 가려면 어디로 나가면 됩니까?

dào tiān ān mén yào wǎng nǎ r zǒu
到天安门要往哪儿走？

따오 탠안먼 야오 왕나얼쩌우?

OO출구로 나가세요.

qǐng wǎng ○○chū kǒu chū qù

请往○○出口出去。

칭왕 OO추커우 추취

(기차) 매표소는 어디입니까?

shòu piào chù zài nǎ li

售票处在哪里？

써우퍄오추 짜이나리?

예약 창구는 어디입니까?

yù yuē chuāng kǒu zài nǎ li

预约窗口在哪里？

위웨 촹거우 싸이나리?

상해까지 편도 주세요.

qǐng gěi wǒ dào shàng hǎi de dān chéng piào

请给我到上海的单程票。

칭 게이워 따오 쌍하이더 딴청퍄오

더 이른(늦은) 열차는 있습니까?

méi yǒu gèng zǎo (wǎn) yī diǎn de ma

没有更早（晚）一点的吗？

메이유 껑짜오(완)이댄더마?

급행열차가 없습니까?

méi yǒu tè kuài chē ma

没有特快车吗?

메이유 터콰이처마?

3번 홈은 어디입니까?

sān hào zhàn tái zài nǎ li

三号站台在哪里?

싼 하오짠타이 짜이나리?

상해행 열차는 어디입니까?

dào shàng hǎi de huǒ chē zài nǎ li

到上海的火车在哪里?

따오 쌍하이더 훠처 짜이나리?

이건 상해행입니다.

zhè shì dào shàng hǎi de chē

这是到上海的车。

쩌쓰 따오 쌍하이 더처

(표를 보여주며) 이 열차 맞습니까?

shì zhè ge huǒ chē ma

是这个火车吗?

쓰 쩌거 훠처마?

이 열차는 예정대로 출발합니까?

zhè ge huǒ chē àn yù dìng chū fā ma

这个火车按预定出发吗?

쩌거훠처 안 위띵추파마?

거기는 제 자리입니다.

zhè shì wǒ de wèi zi

这是我的位子。

쩌쓰 워더워이즈

표를 보여 주시겠어요?

wǒ néng kàn nín de piào ma

我能看您的票吗?

워넝칸 닌더퍄오미?

잠시 기다려 주십시오.

qǐng shāo děng yī xià

请稍等一下。

칭 싸오덩이쌰

이 자리는 비어 있나요?

zhè ge wèi zi shì kōng de ma

这个位子是空的吗?

쩌거 워이즈 쓰 콩더마?

창문을 열어도 되겠습니까?

kě yǐ dǎ kāi chuāng hu ma

可以打开窗户吗?

커이 따카이 촹후마?

식당차는 어디에 있습니까?

cān chē zài nǎ li

餐车在哪里?

찬처 짜이나리?

(여객전무) 도와 드릴까요?

yào bāng máng ma

要帮忙吗?

야오 빵망마?

상해까지 몇 시간입니까?

dào shàng hǎi duō cháng shí jiān

到上海多长时间?

따오 쌍하이 둬창스잰?

여기는 무슨 역입니까?

zhè lǐ shì shén me zhàn

这里是什么站?

쩌리쓰 썬머 짠?

비행기로 이동하기

비행기 예약을 부탁합니다.

qǐng gěi wǒ yù yuē fēi jī

请给我预约飞机。

칭 게이워 위웨페이지

내일 싱해행 비행기 있습니까?

míng tiān yǒu fēi wǎng shàng hǎi de fēi jī ma

明天有飞往上海的飞机吗?

밍탠유 페이왕쌍하이더 페이지마?

일찍 가는 비행기로 부탁합니다.

qǐng gěi wǒ dìng zǎo bān fēi jī

请给我订早班飞机。

칭 게이워 띵 짜오반 페이지

늦게 가는 비행기로 부탁합니다.

qǐng gěi wǒ dìng wǎn bān fēi jī

请给我订晚班飞机。

칭 게이워 띵 완빤페이지

금연석 통로 쪽으로 부탁합니다.

qǐng dào jìn yān xí tōng dào

请到禁烟席通道。

칭 따오 진앤씨퉁따오

성함과 편명을 말씀하십시오.

qǐng gào sù wǒ xìng míng hé bān jī hào

请告诉我姓名和班机号。

칭 까오쑤워 씽밍허 빤지하오

중국국제항공 카운터는 어디입니까?

zhōng guó guó jì háng kōng shǒu xù bàn zài nǎ li

中国国际航空手续办在哪里?

쭝궈 궈찌 항쿵 써우쉬빤 짜이나리?

지금 체크인할 수 있습니까?

xiàn zài kě yǐ bàn dēng jī shǒu xù ma

现在可以办登机手续吗?

쌘짜이 커이빤 떵지 써우쉬마?

항공권은 가지고 계십니까?

fēi jī piào zài shǒu lǐ ma

飞机票在手里吗？

페이지퍄오 짜이 써우리마?

이 짐은 기내로 가지고 갑니다.

zhè ge xíng li ná dào jī nèi

这个行李拿到机内。

쩌거싱리 나따오지네이

요금은 어떻게 됩니까?

fèi yong shì duō shǎo

费用是多少？

페이늉쓰 뒤싸오?

몇 번 출구로 나가면 됩니까?

yào cóng jǐ hào chū kǒu chū qù

要从几号出口出去？

야오 충지하오 추커우 추취?

이 짐을 맡길게요.

wǒ xiǎng cún xíng li

我想存行李。

워 샹춘싱리

(공항에서) 렌터카 카운터는 어디에 있습니까?

jiè chē de dì fāng zài nǎ li

借车的地方在哪里？

쩨처더 띠팡 짜이나리?

어느 정도 운전할 예정이십니까?

yào kāi duō cháng shí jiān de chē

要开多长时间的车？

야오 카이뒈창쓰재더 처?

1주간입니다.

yī zhōu zuǒ yòu

一周左右。

이쩌우줘유

이것이 제 국제운전면허증입니다.

zhè shì wǒ de guó jì jià zhào

这是我的国际驾照。

쩌쓰 워더 궈찌쟈짜오

어떤 차가 있습니까?

dōu yǒu shén me chē

都有什么车?

더우 유 썬머처?

렌터카 목록을 보여 주시겠어요?

qǐng gěi wǒ kàn yī xià dōu yǒu shén me che

请给我看一下都有什么车。

싱 세이워 간이쌰 더우유 썬머처

어떤 타입의 차가 좋으시겠습니까?

xǐ huān shén me yàng shì de chē

喜欢什么样式的车?

시환 썬머양쓰더 처?

중형차를 빌리고 싶은데요.

xiǎng jiè zhōng xíng chē

想借中型车。

샹 쩨 쭝씽처

오토매틱밖에 운전하지 못합니다.

zhǐ néng kāi zì dòng dàng chē

只能开自动档车。

선불이 필요합니까?

xū yào xiān fù qián ma

需要先付钱吗?

보증금은 얼마입니까?

yā jīn shì duō shǎo

押金是多少?

1주간 요금은 얼마입니까?

yī zhōu de fèi yong shì duō shǎo

一周的费用是多少?

특별요금은 있습니까?

yǒu tè bié fèi yong ma

有特别费用吗?

그 요금에 보험은 포함되어 있습니까?

nà ge fèi yong baō kuò baǒ xiǎn jīn ma

那个费用包括保险金吗？

나거 페이융 빠오쿼 빠오샌진마?

긴급연락처를 알려 주시겠어요?

qǐng gào sù wǒ jǐn jí lián luò dì zhǐ

请告诉我紧急联络地址。

칭 까오쑤워 진지 랜뤄띠즈

도로지도를 주십시오.

qǐng gěi wǒ lù chéng tú

请给我路程图。

칭 게이워 루청투

상해는 어느 길로 가면 됩니까?

shàng hǎi yào wǎng nǎ li zǒu

上海要往哪里走？

쌍하이야오 왕나리쩌우?

곧장입니까, 아니면 왼쪽입니까?

jiǎn zhí zǒu, hái shì wǎng zuǒ zǒu

简直走，还是往左走？

잰즈쩌우, 하이쓰 왕줘쩌우?

상해까지 몇 킬로미터입니까?

dào shàng hǎi duō shǎo gōng lǐ

到上海多少公里？

따오 쌍하이 뒤싸오 꿍리?

차로 상해는 어느 정도 걸립니까?

zuò chē dào shàng hǎi duō cháng shí jiān

坐车到上海多长时间？

쭤처 따오 쌍하이 뒤창스잰?

가장 가까운 교차로는 어디입니까?

zuì jìn de shí zì lù kǒu shì nǎ li

最近的十字路口是哪里？

쑤이찐너 스쓰투커우쓰 나리?

이 근처에 주유소가 있습니까?

zhè fù jìn yǒu jiā yóu zhàn ma

这附近有加油站吗？

쩌 푸찐유 쟈유짠마?

가득 넣어 주세요.

qǐng jiā mǎn

请加满。

칭 쟈만

여기에 주차해도 됩니까?

zài zhè li tíng chē yě kě yǐ ma

在这里停车也可以吗？

짜이 쩌리팅처 예커이마?

배터리가 떨어졌습니다.

chē méi yǒu diàn chí le

车没有电池了。

처 메이유 땐츠러

펑크가 났습니다.

lún tāi pāo máo le

轮胎抛锚了。

룬타이 파오마오러

시동이 걸리지 않습니다.

chē qǐ dòng bù liǎo

车启动不了。

처 치뚱뿌랴오

브레이크가 잘 안 듣습니다.

shà chē bù líng

刹车不灵。

싸처 뿌링

일반형 버스

버스 정류장에 노선표와 요금 등이 상세하게 나와 있으니 미리 도착지를 확인하면 편하다. 이용방법은 우리와 비슷해서 앞문으로 승차하면서 교통카드로 결재하거나 현금을 지불하면 된다. 안내원이 있는 경우에

목적지를 알려주고 돈을 지불하면 되는데 거리에 따라 금액이 다른 것도 있다.

※ 교통카드 – 버스, 지하철 및 일부 택시에서도 사용가능하며 버스, 지하철 매표소에서 구매와 충전이 된다. 단, 구매 시 보증금이 있고 카드반환 시 보증금과 남은 충전액을 돌려받을 수 있는데 환불처가 따로 있으니 미리 확인한다. (공항철도 3호 터미널에서도 환불 됨)

미니버스

일종의 마을버스로 작은 구역을 돌며 승무원이 있는 경우가 대부분이다. 거리에 따라 요금이 다르며 승무원에게 목적지를 이야기하면 요금을 알려준다.

장거리 버스

중국은 땅이 넓기 때문에 10시간 이상 운행되는 장거리 버스를 쉽게 찾을 수 있다. 장거리 버스의 특성상 버스 안에 화장실이 구비되어 있고 침대버스도 있다. 장점은 비용의 절감과 성수기에도 예매가 가능한 것이고 단점은 도난 위험이 높다.

지하철

북경, 상해 천진 등 대도시를 중심으로 이용할 수 있고 특히 북경의 경우 대표적인 관광지가 대부분 지하철과 연결되어 있어 편리하다.

일반형 택시

택시비를 거리로 계산하던 것이 대도시를 중심으로 탑승시간과 거리의 혼합요금 제도로 바뀌어 요금이 비싸지고 있는 추세이다.

● 상하이 택시

기사의 경력과 능력에 따라 등급이 있는데 별이 하나도 없는 택시부터 최고 별 5개까지 있으며 별 3개부터는 시험을 통과해야 주는 등급으로 영어로 간단한 소통이 가능하다.

● 홍콩 택시

지역에 따라 택시 색깔이 다르다. 도심부는 붉은 택시, 신계지역은 녹색택시, 디즈니랜드가 있는 란타우섬 일대는 하늘색 택시로 목적지에 맞는 택시를 탄다. 일정 이상의 짐에 별도의 요금이 부과되며 일본처럼 뒷문이 자동문이다.

단거리 택시

작은 도시에서 볼 수 있으
며 짧은 거리를 이용할 경
우에 편리하다. 소도시의
경우 인력거로 짧은 거리를
이동하는 경우가 많았는데
북경올림픽 때 대체 수단으
로 나온 택시이다. 지정된

구역 안에서만 운행 가능하며 요금은 비싼 편이다.

헤이츠어

정규 택시 이외에 승용차를 불법으로 영업하는 것으로 주로 검
정색 차량이 많고 가격을 흥정해서 정한다. 주로 밤에 버스터미
널과 기차역 등에 포진되어 있는데 안전을 위해 피하는 것이 좋
다.

삼륜차

미터가 있거나 정상적으로
운행하는 차들이 아니라 목
적지에 따라 가격을 흥정해
야하고 사람이 많은 번화가
나 변두리 지방에서 볼 수
있다. 중국 정부에서 운행
을 규제하여 많이 사라지고
있는 추세다.

오토바이

2~3킬로 정도의 거리를 5
위안 정도에 이용가능하며

운전수와 승객의 흥정에 의해서 가격이 결정된다. 위험하므로
이용하지 않는다.

기차

● 고속열차

비즈니스석과 1등석, 2등
석 등이 있으며 비즈니스
석은 가격이 상당히 비싸
다.

까오쑤 뚱처 - 열차번호 G
로 시작되고 베이징~상하
이 5시간 소요

청지 뚱처 - 열차번호 C로
시작되고 베이징에서 텐진
까지 30분 소요

뚱처 - 열차번호 D로 시작
되고 베이징~상하이 9시
간 소요

일반열차

● 열차종류

쯔다 - 열차번호 Z로 시작되고 출발역과 도착역에만 정차하고
전 좌석 롼워와 롼쭈어로 이루어져 있다. 가격이 비싼편이고 대
도시 사이를 운행한다.

터콰이 - 열차번호 T로 시작되고 주요도시만 정차하고 전국에
노선이 있다.

콰이쑤 - 열차번호 K로 시작되고 신형과 구형이 있어 에어컨
유무도 다르다.

푸콰이 - 중국인들이 많이 사용하는 열차로 정차역도 많고 속도도 느리다.

● 좌석종류

비즈니스롼워 - 단층 침대로 한 칸에 침대 2개가 있으며 화장실도 따로 있다.

롼워 - 부드러운 침대로 한 칸에 이층침대가 마주보고 있고 4인실이다. 잠금장치, 별도의 스위치가 있으며 가족여행에 적당하며 잉워에 비해 비싸다.

잉워 - 딱딱한 침대에 개방 형태로 3층 침대가 마주보고 일렬 배치되어 있다. 침대 옆으로는 복도 작은 의자와 탁자가 있고 밤 10시에 소등된다. 1층이 가장 비싸고 3층이 가장 저렴하며 2, 3층은 앉아 있기에 어중간한 높이인 반면 1층은 아무나 와서 앉는 것이 단점이다.

롼쭈어 - 부드러운 의자로 만들어진 좌식

잉쭈어 - 딱딱한 의자로 만들어진 좌석으로 좌석도 좁고 입석인 사람들도 있기 때문에 복잡하고 시끄럽다.

※ 여자 혼자 여행할 경우 롼워는 오히려 위험하므로 잉워를 탄다.

博物馆 (bó wù guǎn) 버우관		박물관
近的 (jìn de) 찐더		가까운
标记 (biāo jì) 뽀우 지		표시하다
生病 (shēng bìng) 썽삥		앓다
旅客 (lǚ kè) 뤼커		여행객
路线 (lù xiàn) 루쌘		노선
零钱 (líng qián) 링챈		거스름돈
一起乘坐 (yì qǐ chéng zuò) 이치 청 쮜		같이 타다
客运站 (kè yùn zhàn) 커윈짠		역, 터미널
重来 (chóng lái) 충 라이		다시
绕回去 (rào huí qù) 로우 후 이취		돌아가다
自动贩卖机 (zì dòng fàn mài jī) 즈뚱 판마이지		자동발매기
出口 (chū kǒu) 추 커우		출구
公园 (gōng yuán) 꿍왠		공원
停留场 (tíng liú chǎng) 팅 류우창		서다, 정거장

下一个 (xià yī gè) 쌰이거	다음
售票处 (shòu piào chù) 써우 퍄오 추	매표소
预约 (yù yuē) 위 웨	예약하다
护照 (hù zhào) 후우쩌우	여권
借 (jiè) 쪠	빌리다
加油站 (jiā yóu zhàn) 쟈유짠	주유소
目录 (mù lù) 무 루우	목록
自动 (zì dòng) ㅈ뚱	자동
费用 (fèi yong) 페 이융	요금
保险 (bǎo xiǎn) 뽀우 섄	보험
价格 (jià gé) 쨔거어	가격
急救 (jí jiù) 지쮸	응급
桑拿浴 (sāng ná yù) 쌍나위	사우나
影剧院 (yǐng jù yuàn) 잉쮜왠	극장, 영화관
理发店 (lǐ fà diàn) 라파땐	이발소

PART 05

现地观光

현지관광

1 관광 안내 브로슈어가 있습니까?

有旅游向导手册吗?

yǒu lǚ yóu xiàng dǎo shǒu cè ma
유 뤼유 샹따오 써우처마?

브로슈어 대신 쓸 수 있는 단어

- **旅游指南书**(lǚ yóu zhǐ nán shū)　안내 책
- **指南图**(zhǐ nán tú)　안내도　　**册子**(cè zi)　팜플렛

2 경치가 좋은 곳을 아십니까?

有没有好看的景点?

yǒu méi yǒu hǎo kàn de jǐng diǎn
유 메이유 하오칸더 징댄?

경치 대신 쓸 수 있는 단어

- **全景**(quán jǐng) 전경　　**壮观**(zhuàng guān) 장관
- **陆地的景观**(lù dì de jǐng guān) 경관(육지의)

3 퍼레이드는 언제 있습니까?

什么时候有游街?

shén me shí hòu yǒu yóu jiē
썬머 쓰허우 유유제?

퍼레이드 대신 쓸 수 있는 단어

- **演出**(yǎn chū)　공연　　　**歌剧**(gē jù)　오페라
- **演唱会**(yǎn chàng huì)　콘서트　**话剧**(huà jù)　연극
- **音乐剧**(yīn yuè jù)　뮤지컬

❹ 그 관광은 매일 있습니까?

那个观光每天都有吗?

nà ge guān guāng měi tiān dōu yǒu ma

나거 꽌광 메이탠 더우유마?

관광 대신 쓸수 있는 단어

- **市内观光** (shì nèi guān guāng) 시내 관광
- **夜间观光** (yè jiān guān guāng) 야간관광
- **活动 / 典礼** (huó dòng) / (diǎn lǐ) 행사
- **晚宴** (wǎn yàn) 디너 쇼

❺ 말을 타보고 싶은데요.

我想去骑马。

wǒ xiǎng qù qí mǎ

워 샹쥐 지마

말 대신 쓸수 있는 단어

- **滑雪** (huá xuě) 스키
- **滑水** (huá shuǐ) 수상스키
- **跳水** (tiào shuǐ) 스쿠버 다이빙
- **滑翔运动** (huá xiáng yùn dòng) 행글라이더
- **跳伞运动** (tiào sǎn yùn dòng) 패러글라이딩

❻ 초보자에게도 괜찮습니까?

初学者也没问题吗?

chū xué zhě yě méi wèn tí ma

추우 쉐저어예 메이원 티마?

초보자 대신 쓸수 있는 단어

- **高级者** (gāo jí zhě) 상급자
- **中级者** (zhōng jí zhě) 중급자
- **初级者** (chū jí zhě) 초급자

관광안내소

관광안내소는 어디에 있습니까?

guān guāng jiè shào suǒ zài nǎ li

观光介绍所在哪里?

꽌광 쩨싸오숴 짜이나리?

이 도시의 관광안내 팸플릿이 있습니까?

yǒu zhè ge chéng shì de guān guāng jiè shào wén ma

有这个城市的观光介绍文吗?

유 쩌거 청쓰더 꽌광 쩨싸오원마?

무료 시내지도는 있습니까?

yǒu miǎn fèi shì nèi dì tú ma

有免费市内地图吗?

유 맨페이 쓰네이 띠투마?

관광지도를 주십시오.

qǐng gěi wǒ guān guāng dì tú

请给我观光地图。

칭 게이워 꽌광띠투

여기서 볼 만한 곳을 가르쳐 주시겠어요?

néng gào sù wǒ hǎo kàn de guān guāng jǐng diǎn ma

能告诉我好看的观光景点吗?

넝 까오쑤워 하오칸더 꽌광 찡댄마?

당일치기로 어디에 갈 수 있습니까?

yī rì yóu qù nǎ li hǎo ne

一日游去哪里好呢?

이르유 취 나리하오너?

경치가 좋은 곳을 아십니까?

zhī dào shén me dì fāng jǐng sè hǎo ma

知道什么地方景色好吗?

즈따오 썬머 띠팡 징써하오마?

거기에 가려면 투어에 참가해야 합니까?

xiǎng qù nà li yào cān jiā guān guāng tuán ma

想去那里要参加观光团吗?

샹 취나리 야오찬쟈 꽌광퇀마?

여기서 표를 살 수 있습니까?

zài zhè lǐ kě yǐ mǎi piào ma
在这里可以买票吗?

짜이쩌리 커이 마이퍄오마?

할인 티켓은 있나요?

yǒu dǎ zhé piào ma
有打折票吗?

유 따저 퍄오마?

지금 축제는 하고 있나요?

xiàn zài yǒu shén me jié rì ma
现在有什么节日吗?

쌘짜이 유 썬머졔르마?

여기서 멉니까?

lí zhè lǐ yuǎn ma
离这里远吗?

리 쩌리 왠마?

왕복으로 어느 정도 시간이 걸립니까?

lái huí xū yào duō cháng shí jiān
来回需要多长时间?

라이후이 쉬야오 뒤창쓰잰?

unit 2

투어로 관광하기

어떤 투어가 있습니까?

dōu yǒu shén me guān guāng tuán

都有什么观光团?

떠우유 썬미 꿘광퇀?

투어는 매일 있습니까?

guān guāng tuán měi tiān dōu yǒu ma

观光团每天都有吗?

꽌광퇀 메이탠 떠우유마?

오전(오후) 코스는 있습니까?

yǒu shàng wǔ (xià wǔ) tuán ma

有上午(下午)团吗?

유 쌍우(쌰우) 퇀마?

야간관광은 있습니까?

yǒu yè jiān tuán ma

有夜间团吗?

유 예잰 퇀마?

투어는 몇 시간 걸립니까?

lǚ yóu xū yào jǐ ge xiǎo shí

旅游需要几个小时?

뤼유 쉬야오 지거샤오스?

식사는 나옵니까?

tí gōng fàn ma

提供饭吗?

티꿍 판마?

몇 시에 출발합니까?

jǐ diǎn zhōng chū fā

几点钟出发?

지댄중 추파?

어디서 출발합니까?

zài nǎ r chū fā

在哪儿出发?

짜이나얼 추파?

한국어 가이드는 있나요?

yǒu hán guó yǔ dǎo yóu ma

有韩国语导游吗？

유 한궈위 따오유마?

요금은 얼마입니까?

jià qián shì duō shǎo

价钱是多少？

쟈챈쓰 둬싸오?

저것은 무엇입니까?

nà shì shén me

那是什么？

나쓰 썬머?

여기서 얼마나 머뭅니까?

xiǎng zài zhè li dāi jǐ tiān

想在这里呆几天？

씨앙짜이 쩌리 따이 지티앤?

시간은 어느 정도 있습니까?

yǒu duō shǎo shí jiān

有多少时间？

유 둬싸오 쓰잰?

자유시간은 있나요?

yǒu zì yóu shí jiān ma
有自由时间吗?
유 쯔유 쓰잰마?

몇 시에 버스로 돌아오면 됩니까?

yào jǐ diǎn zhōng huí dào chē lǐ
要几点钟回到车里?
야오 지댄중 후이따오처리?

전망대는 어떻게 오릅니까?

zhǎn wàng tái zěn me shàng qù
展望台怎么上去?
짠왕타이 쩐머 쌍취?

저 건물은 무엇입니까?

nà jiàn zhù wù shì shén me
那建筑物是什么?
나 째주우쓰 썬머?

누가 여기 살았습니까?

shéi zhù guo
谁住过?
쎄이 쭈꿔?

언제 세워졌습니까?

shén me shí hou jiàn de
什么时候建的?
썬머쓰 허우 짼더?

퍼레이드는 언제 있습니까?

yuè bīng shì shén me shí hou
阅兵是什么时候?
웨빙쓰 썬머쓰 허우?

기념품 구입하기

기념품 가게는 어디에 있습니까?

jì niàn pǐn diàn zài nǎ er

纪念品店在哪儿?

찌낸핀 땐 짜이나얼?

기념품으로 인기 있는 것은 무엇입니까?

shén me jì niàn pǐn shòu huān yíng

什么纪念品受欢迎?

썬머 찌낸핀 써우환잉?

엽서는 어디서 삽니까?

míng xìn piàn zài nǎ er mǎi

明信片在哪儿买?

밍신피앤 짜이날 마이?

엽서는 있습니까?

yǒu míng xìn piàn ma

有明信片吗?

유 밍신피앤마?

민속공예품은 어떤것이 있습니까?

mín sú gōng yì pǐn dōu yǒu shén me yàng de

民俗工艺品都有什么样的?

민수 꿍이핀 더우 유 썬머양더?

이 박물관의 오리지널 상품입니까?

shì zhè ge bó wù guǎn de yuán shǐ shōu cáng pǐn ma

是这个博物馆的原始收藏品吗?

쓰 쩌거 버우꽌너 왠쓰 써우상핀마?

모두해서 얼마입니까?

zǒng gòng duō shǎo qián

总共多少钱?

쭝꿍 둬싸오챈?

관람티켓 구입하기

티켓은 어디서 삽니까?

mén piào zài nǎ er mǎi

门票在哪儿买?

먼퍄오 짜이나얼마이?

여기서 티켓을 예약할 수 있나요?

zài zhè li néng yù dìng piào ma

在这里能预定票吗?

짜이쩌리 넝 위띵 퍄오마?

입장료는 얼마입니까?

rù chǎng quàn duō shǎo qián

入场券多少钱?

루창챈 둬싸오챈?

단체할인은 있습니까?

yǒu tuán tǐ piào dǎ zhé ma

有团体票打折吗?

유 퇀티퍄오 따저마?

어른 2장 주세요.

qǐng gěi wǒ liǎng zhāng chéng rén piào

请给我两张成人票。

칭게이워 량장 청런퍄오

학생 1장 주세요.

qǐng gěi wǒ yī zhāng xué shēng piào

请给我一张学生票。

칭게이워 이장 쉐썽퍄오

이 티켓으로 모든 전시를 볼 수 있습니까?

yòng zhè ge piào kě yǐ kàn suǒ yǒu zhǎn lǎn ma

用这个票可以看所有展览吗?

융쩌거퍄오 커이칸 쉬유짠란마?

unit 5

관람하기

무료 팸플릿은 있습니까?

yǒu miǎn fèi de xiǎo cè zi ma

有免费的小册子吗?

유맨페이더 쌰오처즈마?

짐을 맡아 주세요.

wǒ xiǎng cún xíng li

我想存行李。

워샹 춘싱리

관내를 안내할 가이드는 있습니까?

yǒu jiè shào guǎn nèi de jiě shuō yuán ma

有介绍馆内的解说员吗?

유 쩨싸오 꽌네이더 제숴왠마?

오늘밤에는 무엇을 상영합니까?

jīn tiān wǎn shàng shàng yìng shén me

今天晚上上映什么？

진탠완쌍 쌍잉썬머?

누가 출연합니까?

shéi yǎn de

谁演的？

쎄이 얜더?

재미있습니까?

yǒu yì si ma

有意思吗？

유 이쓰마?

오늘 표는 아직 있습니까?

jīn tiān de piào hái yǒu ma

今天的票还有吗？

진탠더퍄오 하이유마?

몇 시에 시작됩니까?

jǐ diǎn zhōng kāi shǐ

几点钟开始？

지댄중 카이쓰?

이번 주 클래식 콘서트는 없습니까?

zhè ge lǐ bài méi yǒu gǔ diǎn yīn yuè huì ma
这个礼拜没有古典音乐会吗?

쩌거리빠이 메이유꾸댄 인웨후이마?

가장 싼 자리는 어디입니까?

zuì pián yi de wèi zi shì nǎ li
最便宜的位子是哪里?

쭈이 팬이더 워이즈쓰나리?

내일 밤 표를 2장 주세요.

qǐng gěi wǒ liǎng zhāng míng tiān wǎn shàng de piào
请给我两张明天晚上的票。

칭게이워 량장 밍탠 완쌍더 퍄오

가장 좋은 자리를 주세요.

qǐng gěi wǒ zuì hǎo de wèi zi
请给我最好的位子。

칭게이워 쭈이하오더 워이즈

그 박물관은 오늘 엽니까?

nà ge bó wù guǎn jīn tiān kāi ma
那个博物馆今天开吗?

나거 버우관 진탠 카이마?

재입관할 수 있습니까?

kě yǐ zài rù nèi ma

可以再入内吗?

커이 짜이루네이마?

출구는 어디입니까?

chū kǒu zài nǎ er

出口在哪儿?

추커우 짜이나얼?

내부를 견학할 수 있습니까?

kě yǐ cān guān lǐ miàn ma

可以参观里面吗?

커이 찬꽌 리맨마?

이 그림은 누가 그렸습니까?

zhè huà shì shéi huà de

这画是谁画的?

저화쓰 쎄이 화더?

기억에 남는 사진촬영

여기서 사진을 찍어도 됩니까?

kě yǐ zài zhè lǐ zhào xiàng ma

可以在这里照相吗？

커이 짜이 쩌리 짜오썅마?

여기서 플래시를 터뜨려도 됩니까?

zài zhè lǐ kě yǐ yòng shǎn guāng dēng ma

在这里可以用闪光灯吗？

짜이쩌리 커이융 싼광떵마?

비디오 촬영을 해도 됩니까?

kě yǐ lù xiàng ma

可以录像吗？

커이 루썅마?

사진 좀 찍어 주시겠어요?

néng gěi wǒ zhào zhāng xiàng ma

能给我照张相吗？

넝 게이워 짜오장 썅마?

당신 사진을 찍어도 되겠습니까?

kě yǐ zhào nín ma

可以照您吗？

커이 짜오 닌마?

함께 사진을 찍으시겠습니까?

kě yǐ yì qǐ zhào xiàng ma

可以一起照相吗？

커이 이치 싸오 썅마?

여기서 우리들을 찍어 주십시오.

qǐng zài zhè lǐ gěi wǒ men zhào xiàng

请在这里给我们照相。

칭 짜이쩌리 게이워먼 짜오썅

나중에 사진을 보내드리겠습니다.

guò hòu bǎ zhào piàn yóu jì gěi nín

过后把照片邮寄给您。

꿔허우 빠 짜오팬 유찌게이닌

주소를 여기서 적어 주십시오.

qǐng bǎ dì zhǐ xiě zài zhè lǐ

请把地址写在这里。

칭 바띠즈 셰짜이 쩌리

이것을 현상해 주십시오.

qǐng gěi wǒ chōng xǐ zhè ge

请给我冲洗这个。

칭 게이워 충시쩌거

인화를 해 주십시오.

qǐng gěi wǒ jiā xǐ

请给我加洗。

칭 게이워 쟈시

한 장 더 부탁합니다.

qǐng zài zhào yī zhāng

请再照一张。

칭 짜이 짜오이장

언제 됩니까?

shén me shí hou kě yǐ qǔ

什么时候可以取？

썬머쓰허우 커이취?

재미난 훙밋거리

디너쇼를 보고 싶은데요.

xiǎng kàn wǎn huì

想看晚会。

샹칸 완후이

좋은 니이트클럽은 있나요?

yǒu hǎo yè zǒng huì ma

有好夜总会吗？

유 하오 예쫑후이마?

함께 춤추시겠어요?

néng hé wǒ yī qǐ tiào wǔ ma

能和我一起跳舞吗？

넝 허워 이치 타오우마?

젊은 사람이 많습니까?

nián qīng rén duō ma
年轻人多吗?

낸칭런 뒤마?

근처에 가라오케는 있습니까?

zhè fù jìn yǒu kǎ lā ok ma
这附近有卡拉OK吗?

저 푸진유 카라오케마?

여기서 한 잔 안하실래요?

wǒ men jìn qù hē yī bēi hǎo bù hǎo
我们进去喝一杯好不好?

워먼 찐취 허이뻬이 하오뿌하오?

어서 오십시오. 몇 분이십니까?

huān yíng guāng lín , jǐ wèi
欢迎光临, 几位?

환잉꽝린, 지워이?

이건 무슨 쇼입니까?

zhè shì shén me yǎn chū
这是什么演出?

쩌쓰 썬머 얜추?

무대 근처 자리로 주시겠어요?

néng gěi wǒ lí wǔ tái jìn de zuò wèi ma

能给我离舞台近的座位吗?

넝 게이워 리 우타이 찐더 쭤워이마?

한국 노래는 있습니까?

yǒu hán guó gē ma

有韩国歌吗?

유 한궈거마?

노래를 잘 하시는군요.

nín chàng de zhēn hǎo

您唱的真好。

닌 칭더 찐하오

카지노는 몇 시부터 합니까?

dǔ chǎng jǐ diǎn zhōng kāi shǐ yíng yè

赌场几点钟开始营业?

두창 지댄중 카이쓰 잉이얘?

칩은 어디서 바꿉니까?

chóu mǎ zài nǎ li huàn

筹码在哪里换?

처우마 짜이 나리 환?

농구시합을 보고 싶은데요.

xiǎng kàn lán qiú bǐ sài
想看篮球比赛。

샹칸 란츄비싸이

오늘 축구 시합은 있습니까?

jīn tiān yǒu zú qiú sài ma
今天有足球赛吗？

진탠 유 주츄싸이마?

어디서 합니까?

zài nǎ r bǐ
在哪儿比？

짜이 나얼비?

몇 시부터입니까?

cóng jǐ diǎn kāi shǐ
从几点开始？

충 지댄카이스?

어느 팀의 시합입니까?

nǎ ge duì zài bǐ sài
哪个队在比赛？

나거뚜이 짜이비싸이?

unit 8
레저를 즐길때

테니스를 하고 싶은데요.

xiǎng dǎ wǎng qiú

想打网球。

샹 따 왕츄

이 호텔에 테니스코트는 있습니까?

zhè bīn guǎn yǒu wǎng qiú chǎng ma

这宾馆有网球场吗？

쩌 뻰관 유 왕츄창마?

골프 예약을 부탁합니다.

wǒ yào yù yuē gāo ěr fū

我要预约高尔夫。

워요우 위웨 까오얼푸

오늘 플레이할 수 있습니까?

jīn tiān kě yǐ dǎ ma

今天可以打吗?

진탠 커이 따마?

그린피는 얼마입니까?

guǒ lǐng fèi shì duō shǎo

果岭费是多少?

궈링페이 쓰 둬싸오?

스키를 타고 싶은데요.

xiǎng huá xuě

想滑雪。

샹 화쉐

스키용품은 어디서 빌릴 수 있나요?

zài nǎ néng jiè dào huá xuě yòng pǐn

在哪能借到滑雪用品?

짜이나 넝 쩨따오 화쉐융핀?

짐은 어디에 보관하나요?

xíng li cún zài nǎ li

行李存在哪里?

싱리 춘짜이 나리?

리프트 승강장은 어디인가요?

lǎn chē zhàn tái zài nǎ
缆车站台在哪?

란처짠타이 짜이나?

레슨을 받고 싶은데요.

wǒ xiǎng shòu xùn
我想受训。

워샹 써우쒼

1시간에 얼마입니까?

yī xiǎo shí duō shǎo qián
一小时多少钱?

이 싸오쓰 뚸싸오챈?

초보자도 괜찮습니까?

chū xué zhě yě méi guān xi ma
初学者也没关系吗?

추쉐저 예메이꽌시마?

베이징(북경)

중국의 수도로 여행 최적기는 가을이다.

자금성(고궁)

베이징의 중심에 있는 명 · 청 왕조의 궁궐로 지하철 1호선 천안문동역에서 하차하면 된다. 천안문 광장에서 천안문을 거치면 자금성이 있는데 그 크기와 웅장함에 압도당한다. 영화 마지막 황제의 배경이 되었고  북문의 경산공원 정상에 올라가면 자금성을 한 눈에 감상할 수 있다. 세계문화유산으로 등재되어 있으며 궁궐로는 세계 최대 규모이다.

이화원

중국 왕실의 여름 별궁이자 최대 규모의 황실 정원이다. 서태후가 정치를 하고 외빈을 만났다는 인수전과 인공호수라고 하기엔 규모가 상당한 곤명호가 펼쳐져 있다. 세계에서 가장 긴 복도 장랑을 따라 불향각으로 

248

올라가면 인수전과 곤명호가 한 눈에 들어온다. 황제와 황후를
위해 만들어진 점포 소주가는 호수와 어울려 아름답다.

만리장성

북방민족의 침입을 막기 위
해 세운 방어용 성벽으로
세계문화유산에 등재되어
있다. 북경에서 만리장성을
오르는 코스 중 가장 경치
가 좋고 접근하기 좋은 곳
이 팔달령으로 지하철 2호
선 적수담역에서 하차하여 덕승문에서 버스를 타면 된다. 경사
가 완만하고 케이블카와 승선 슬라이더가 있는 곳은 사람이 많
아 복잡한 것이 흠이다.

용경협

계곡이 모양이 용과 같다하
여 용경협으로 계곡에 댐을
건설하여 인공 호수가 만들
어 졌다. 코스는 용모양으
로 꾸며진 에스컬레이터를
타고 선착장에서 배를 타는
것으로 끝이지만 무협지에
서 튀어나온 듯한 풍경이
생경하면서 아름답다. 매년
1월 중순에서 2월말까지
빙등축제가 열린다.

상하이(상해), 서안

중국 최대 상공업도시로 5월 전후 봄과 10월 이후 가을이 여행 적기이다.

예원

전철 10호선 예원역에서 하차하면 된다. 상해의 유일한 정원으로 40여개의 정자와 누각으로 이루어져 있다. 화려한 야경을 예원 최고로 꼽는 사람들도 있지만 아름답게 꾸며진 중국풍의 정원과 곳곳에 용으로 장식된 담장을 감상하려면 4시 반까지 도착해야 한다.

예원 상가에선 100년 전통의 남상만두를 만날 수 있다.

동방명주

한 시간에 한 바퀴씩 도는 레스토랑과 투명판으로 짜릿함을 주는 전망대, 기네스북에 등재되어 있는 초고속 엘리베이터가 명물이다. 특히 야경이 아름답고 날씨가 좋은 날에 올라가면 눈부시게 발전한 상해 전경을 감상할 수 있다. 높이에 따라 입장료가 다르며 규모는 작지만 모형 위주의 박물관 등도 있다.

상해 임시정부청사

1919년 상하이에 수립한 대한민국 임시정부 청사로 1993년과 2002년 대대적인 복원공사를 거쳐 현재의 모습에 이르렀다. 신천지에 위치해 있으며 임시정부 주요 인사들의 사진과 집무실, 임시정부의 활동과 관련된 자료들을 볼 수 있다.

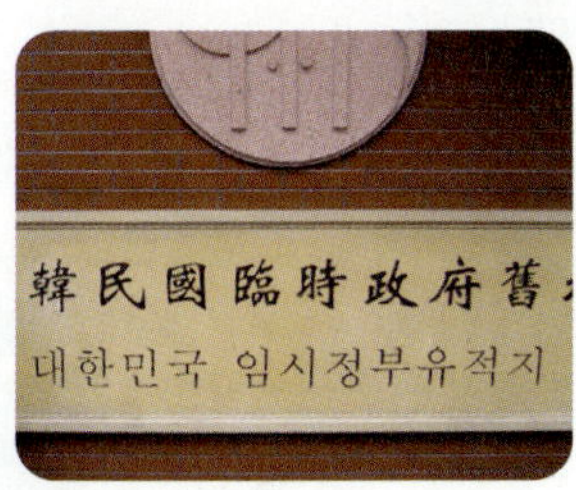

신천지

1호선 황피난루역에서 도보 5분 거리로 19세기 건축물을 현대적으로 리모델링하여 동서양 퓨전 스타일로 새롭게 태어났다. 유럽풍의 노천카페와 클립 등이 밀집되어 있어 젊음의 거리이자 다양한 국적의 관광객들로 이국적인 모습을 더한다. 레스토랑 등 물가가 비싼 편이다.

실크로드

교통편이 없기 때문에 최소 일주일 정도가 소요되므로 시간적 여유가 있는 분만 여행 가능하다. 실크로드의 주된 종교는 이슬람이기에 종교에 대한 이해가 있다면 좀 더 재미있는 여행이 되

겠다. 특색 있는 문화를 품은 실크로드는 분명 매력적인 여행지
이다.

병마용갱

시안에 위치해 있으며 발견
순서에 따라 1, 2, 3… 갱도
로 불리며 3개의 갱도만 개
방하고 있다. 병마용갱 박
물관도 함께 있으며 1갱도
의 규모가 가장 크다. 개방
된 갱도도 아직 발굴 작업
중이며 현재까지 7갱도가
발굴되었다.

쿤밍(곤명)

사시사철 온난한 기후로 봄의 도시로 불린다.

운남민속촌

소수민족들의 건축물과 의
상, 의식과 음악, 전통춤 등
을 재현한 관광지로 시간에
맞추어 공연이 펼쳐지니 미
리 정보를 숙지하고 가는
것이 좋다. 짧은 시간에 여
러 민족의 삶을 엿볼 수 있
는 것이 장점이다.

석림

세계 자연 유산으로 등재되어 있으며 세계에서 가장 광활한 카르스트 지형이다. 지각변동으로 바다 깊은 곳에 숨겨져 있던 석회암들이 융기한 것으로 돌기둥이 마치 나무줄기처럼 하늘로 치

솟아 삼림 모양을 이루고 있다. 쿤밍시에서 멀리 떨어져 있지만 석림을 보기 위해 쿤밍을 찾는 사람이 있을 정도로 인기 있는 여행지이다.

서산 삼림 공원

산세가 미인이 잠을 자고 있는 듯하다하여 '잠자는 미인산'이라 불리며 케이블 카를 타고 오르면 곤밍호와 곤명시가 한 눈에 들어온다. 화정사, 태화사, 용문 석굴과 도교 사원인 삼청각 등 볼거리도 많다.

장가계

중국 서북부에 위치하고 있으며 우리나라 관광객들이 많이 찾는 곳이다. 봄과 가을이 여행 적기이며 아열대성 기후지만 산위의 온도는 낮아서 여름에도 니트나 점퍼 등을 준비한다.

情报 (qíng bào) 칭 보우	정보
观光 (guān guāng) 꽌광	관광
有趣的 (yǒu qù de) 유 취더	흥미있는
参加 (cān jiā) 찬쟈	참가하다
打折 (dǎ zhé) 따아 저어	할인
庆典 (qìng diǎn) 칭댄	축제
每天 (měi tiān) 메이탠	매일
结束 (jié shù) 제쑤	끝내다
引导者 (yǐn dǎo zhě) 인따 오저	인도자
山 (shān) 싼	산
瞭望台 (liào wàng tái) 료오우 왕타이	전망대
建筑物 (jiàn zhù wù) 쟨 쭈우	건물
生活 (shēng huó) 썽 후어	살다, 생활
行进 (xíng jìn) 싱찐	행진
照片 (zhào piàn) 짜오 팬	사진

明信片 (míng xìn piàn) 밍 씬팬	엽서
纪念品 (jì niàn pǐn) 지낸핀	기념품
原来的 (yuán lái de) 왠라이더	원래의
入场 (rù chǎng) 루우 창	입장
费用 (fèi yòng) 페이 융	요금
大人 (dà ren) 따 아런	어른
学生 (xué shēng) 쉐썽	학생
团体 (tuán tǐ) 퇀티	단체
画 (huà) 화	그리다
重新入场 (chóng xīn rù chǎng) 충씬 루우창	재입장
内部 (nèi bù) 네이 부우	내부
出现登场 (chū xiàn dēng chǎng) 추우쌘떵창	나타나다
歌舞剧 (gē wǔ jù) 거어우 쥐	뮤지컬
古典的 (gǔ diǎn de) 꾸우 댄더	고전적인
打折 (dǎ zhé) 따아 저어	할인

PART 06

购物
쇼핑

❶ 어디에서 기념품을 살 수 있습니까?

哪里可以买纪念品?

nǎ lǐ kě yǐ mǎi jì niàn pǐn　　나아리 커이마이 찌이낸핀?

기념품 대신 쓸 수 있는 단어

- 礼物(lǐ wù) 선물
- 玩具 (wán jù) 장난감
- 旅行包(lǚ xíng bāo) 여행가방
- 花 (huā) 꽃
- 蛋糕 (dàn gāo) 케익
- 衣物 (yī wù) 의류

❷ 원피스를 찾고 있습니다.

我想买连衣裙。

wǒ xiǎng mǎi lián yī qún　　워 샹마이 랜이췬

원피스 대신 쓸 수 있는 단어

- 男士服装 (nán shì fú zhuāng) 남성의류
- 衬衫(chèn shān) 셔츠
- 睡衣 (shuì yī) 잠옷
- 裙子 (qún zi) 치마
- 正装 (zhèng zhuāng) 정장

❸ 샤넬은 있습니까?

有香奈儿吗?

yǒu xiāng nài ér ma　　유 샹나이얼마?

샤넬 대신 쓸 수 있는 단어

- 丽韵 (lì yùn) 랑방
- 宝格丽(bǎo gé lì) 불가리
- 莲娜丽姿 (lián nà lì zī) 니나리찌
- 范思哲(fàn sī zhé) 베르사체
- 古驰 (gǔ chí) 구찌

258

④ 아내에게 선물 할 것을 찾고 있습니다.

正在找送给妻子的礼物。

zhèng zài zhǎo sòng gěi qī zi de lǐ wù

정짜이짜오 쭝게이치즈더 리이우

아내 대신 쓸 수 있는 단어

- 儿子 (ér zi) 아들
- 弟弟 (dì di) 남동생
- 奶奶 (nǎi nai) 할머니
- 女儿 (nǚ ér) 딸
- 妹妹 (mèi mei) 여동생

⑤ 면으로 된 것이 필요한데요.

想要用棉做的。

xiǎng yào yòng mián zuò de

상 요우 융멘꿔디

면 대신 쓸 수 있는 단어

- 丝绸 (sī chóu) 실크
- 涤纶 (dí lún) 폴리에스터르
- 棉布 (mián bù) 면포
- 亚麻布 (yà má bù) 아마포
- 人造丝 (rén zào sī) 인조견
- 尼龙 (ní lóng) 나이론

⑥ 이 색은 좋아하지 않습니다.

不喜欢这个颜色。

bù xǐ huan zhè ge yán sè

뿌시환 쩌거앤써

색 대신 쓸 수 있는 단어

- 风格 (fēng gé) 스타일
- 品质 (pǐn zhì) 품질
- 形状 (xíng zhuàng) 모양
- 设计 (shè jì) 디자인
- 纹样 (wén yàng) 무늬
- 品牌 (pǐn pái) 브랜드

쇼핑샵 찾아가기

이 도시의 쇼핑가는 어디에 있습니까?

zhè ge chéng shì de gòu wù jiē zài nǎ

这个城市的购物街在哪？

쩌거청쓰더 꺼우우제 짜이나?

쇼핑 가이드는 있나요?

yǒu gòu wù dǎo yóu ma

有购物导游吗？

유 꺼우 우따오유마?

이 주변에 백화점은 있습니까?

zhè zhōu wéi yǒu bǎi huò dà lóu ma

这周围有百货大楼吗？

쩌 쩌우워이 유 빠이훠따러우마?

면세점은 있습니까?

yǒu miǎn shuì diàn ma

有免税店吗?

유 맨쑤이땐마?

세일은 어디서 하고 있습니까?

zài nǎ dǎ zhé

在哪打折?

짜이 나따저?

몇 시에 개점합니까?

jǐ diǎn kāi mén

几点开门?

지댄 키이먼?

몇 시에 폐점합니까?

jǐ diǎn guān mén

几点关门?

지댄 꽌먼?

이 주변에 할인점은 있습니까?

zhè fù jìn yǒu jiàn mài shāng diàn ma

这附近有贱卖商店吗?

쩌 푸진 유 쨴마이 쌍댄마?

선물은 어디서 살 수 있습니까?

zài nǎ kě yǐ mǎi dào lǐ wù
在哪可以买到礼物？

짜이날 커이 마이따오 리우?

그건 어디서 살 수 있나요?

nà ge zài nǎ li néng mǎi dào
那个在哪能买到？

나거짜이 나넝마이따오?

그 가게는 오늘 열려 있습니까?

nà jiā diàn jīn tiān yíng yè ma
那家店今天营业吗？

나쟈땐 진탠 잉예마?

여기서 멉니까?

lí zhè yuǎn ma
离这远吗？

리 쩌왠마?

영업시간은 몇 시부터 몇 시까지입니까?

yíng yè shí jiān shì jǐ diǎn dào jǐ diǎn
营业时间是几点到几点？

잉예 쓰잰쓰 지댄 따오 지댄?

unit 2

원하는 물건찾기

어서 오십시오!

huān yíng guāng lín

欢迎光临!

환잉꽝린!

무얼 찾으십니까?

zài zhǎo shén me

在找什么?

짜이짜오 썬머?

필요한 것이 있으시면 말씀하십시오.

yǒu shén me xū yào de huà qǐng jiǎng

有什么需要的话请讲。

유썬머 쉬야오더화 칭쟝

그냥 보고 있을 뿐입니다.

zhǐ shì kàn kan

只是看看。

즈쓰 칸칸

여기 잠깐 봐주세요.

qǐng guò lái yī xià, bāng wǒ kàn kan

请过来一下，帮我看看。

칭 꿔라이 이샤 빵워칸칸

블라우스를 찾고 있습니다.

zài zhǎo chèn shān

在找衬衫。

짜이 짜오 천싼

면으로 된 것이 필요한데요.

xū yào mián zhì de

需要棉质的。

쉬야오 맨쯔더

코트를 찾고 있습니다.

wǒ xiǎng kàn kan dà yī

我想看看大衣。

워샹 칸칸 따이

이것 6호는 있습니까?

zhè ge yǒu liù hào ma

这个有六号吗？

쩌거 유 류하오마?

운동화를 사고 싶은데요.

wǒ xiǎng mǎi yùn dòng xié

我想买运动鞋。

워샹마이 윈뚱셰

캐주얼한 것을 찾고 있습니다.

zhǎo xiū xián de

找休闲的。

짜오 슈샌더

다른 것은 없습니까?

hái yǒu méi yǒu bié de

还有没有别的？

하이 유메이유 볘더?

더 품질이 좋은 것은 없습니까?

yǒu zhì liàng gèng hǎo de ma

有质量更好的吗？

유 쯔량 껑 하오더마?

선물을 고를 때

어떤 것을 원하십니까?

nín xiǎng yào nǎ gè

您想要哪个?

닌 샹야오 나거?

아내에게 선물할 것을 찾고 있습니다.

zài tiāo sòng gěi qī zi de lǐ wù

在挑送给妻子的礼物。

짜이 탸오 쑹게이 치즈더 리우

30세 정도의 남자에게는 뭐가 좋을까요?

gěi sān shí suì de nán rén mǎi shén me hǎo ne

给30岁的男人买什么好呢?

게이 싼스쑤이 더난런 마이썬머하오너?

선물로 적당한 것은 없습니까?

zuò lǐ wù nǎ ge bǐ jiào hǎo

做礼物哪个比较好？

쭤리우 나아거비 죠우호우?

저걸 보여 주시겠어요?

wǒ xiǎng kàn yī xià nà ge

我想看一下那个。

워 샹 칸이샤 나거

이것과 같은 것은 있습니까?

yǒu gēn zhè ge yī yàng de ma

有跟这个一样的吗？

유 껀 써서서 이양너마'?

이것뿐입니까?

jiù zhè xiē ma

就这些吗？

쭤 쩨세마?

몇 가지 보여 주시겠어요?

néng gěi wǒ kàn jǐ yàng ma

能给我看几样吗？

넝 게이워 칸지양마?

그걸 봐도 될까요?

kě yǐ kàn yī xià nà ge ma
可以看一下那个吗?

커이 칸이쌰 나거마?

다른 것을 보여 주시겠어요?

xiǎng kàn bié de
想看别的。

샹칸 볘더

잠깐 다른 것을 보겠습니다.

kàn yī xià bié de
看一下别的。

칸이쌰 볘더

다음에 또 오세요!

huān yíng zài lái
欢迎再来!

환잉 짜이라이!

unit 4 색상과 디자인

무슨 색이 있습니까?

yǒu shén me yán sè

有什么颜色?

유 썬머 얜써?

빨간 것은 있습니끼?

yǒu hóng sè ma

有红色吗?

유 훙써 마?

너무 화려(수수)합니다.

tài huā shao (dān diào) le

太花哨(单调)了。

타이 화싸오 (딴 됴우) 러어

더 화려한 것은 있습니까?

yǒu gèng huā shao de ma
有更花哨的吗?

유 껑 화싸오더마?

더 수수한 것은 있습니까?

yǒu gèng sù yī diǎn de ma
有更素一点的吗?

유 껑 쑤이댄더마?

어떤 디자인이 유행하고 있습니까?

liú xíng shén me yàng de kuǎn shì
流行什么样的款式?

류싱 썬머양더 콴쓰?

이런 디자인은 좋아하지 않습니다.

bù xǐ huan zhè zhǒng kuǎn shì
不喜欢这种款式。

뿌 시환 쩌중 콴쓰

다른 디자인은 있습니까?

yǒu bié de kuǎn shì ma
有别的款式吗?

유 볘더 콴쓰마?

어떤 사이즈를 찾으십니까?

zhǎo shén me dà xiǎo de

找什么大小的?

짜오 썬머 따쌰오더?

사이즈는 이것뿐입니까?

jiù zhè xiē hào ma

就这些号吗?

쮸 쩌세 호우마?

제 사이즈를 모르겠는데요.

bù zhī dào wǒ de chǐ cùn

不知道我的尺寸。

뿌쯔또우 워더츠춘

사이즈를 재주시겠어요?

gěi wǒ liáng yī xià chǐ cùn kě yǐ ma

给我量一下尺寸可人吗?

게이워 량이쌰 츠춘커이마?

더 큰 것은 있습니까?

yǒu gèng dà de ma

有更大的吗?

유 껑따더마?

백화점과 면세점

신사복 매장은 몇 층입니까?

shēn shì fú zhuāng mài chǎng zài jǐ lóu

绅士服装卖场在几楼?

썬쓰푸주앙 마이창 짜이지러우?

여성용 매장은 어디에 있습니까?

nǚ shì yòng pǐn mài chǎng zài nǎ

女士用品卖场在哪?

뉘쓰융핀 마이창 짜이날?

화장품은 어디서 살 수 있습니까?

zài nǎ néng mǎi dào huà zhuāng pǐn

在哪能买到化妆品?

짜이나 아넝마이또우 화쫭핀?

화장품은 3층에 있습니다.

sān lóu mài huà zhuāng pǐn

三楼卖化妆品。

싼러우 마이 화좡핀

이건 수제입니까?

zhè shì shǒu gōng zhì de ma

这是手工制的吗？

쩌쓰 써우꿍 쯔더마?

질은 괜찮습니까?

zhì liàng kě yǐ ma

质量可以吗？

즈량 커이마?

재질은 무엇입니까?

shì shén me cái zhì

是什么材质？

쓰 썬머차이쯔?

이건 실크 100%입니까?

zhè shì chún sī chóu ma

这是纯丝绸吗？

쩌어쓰 춘쓰처우마?

저기에 디스플레이 되어 있는 셔츠는 어디에 있습니까?

zài nà er bǎi fàng de chèn shān zài nǎ er mài
在那儿摆放的衬衫在哪儿卖?

짜이날 빠이팡더천싼 짜이날마이?

세일하는 물건을 찾고 있습니다.

zài zhǎo dǎ zhé de chǎn pǐn
在找打折的产品。

짜이짜오 따저더 찬핀

이건 세일 중입니까?

zhè ge dǎ zhé ma
这个打折吗?

쩌거 따 저마?

다른 상품을 보여 주세요.

xiǎng kàn bié de chǎn pǐn
想看别的产品。

샹칸 볘더찬핀

신상품은 어느 것입니까?

nǎ ge shì xīn kuǎn
哪个是新款?

나거쓰 씬콴?

이것은 어느 브랜드입니까?

zhè shì shén me pái zi
这是什么牌子?

쩌어쓰 썬머 파이즈?

면세점은 어디에 있습니까?

miǎn shuì diàn zài nǎ
免税店在哪?

맨쑤이땐 짜이나?

얼마까지 면세가 됩니까?

miǎn shuì duō shǎo
免税多少?

맨쑤이 뒤씨오?

이 가게에서는 면세로 살 수 있습니까?

zài zhè li mǎi dōng xi kě yǐ miǎn shuì ma
在这里买东西可以免税吗?

짜이쩌리 마이뚱시 커이 맨쑤이마?

비행기를 타기 전에 수취하십시오.

qǐng zài shàng fēi jī zhī qián lǐng qǔ
请在上飞机之前领取。

칭짜이 쌍페이지즈챈 링취

물건값 흥정·계산

계산은 어디서 합니까?

zài nǎ fù kuǎn

在哪付款?

짜이나 푸콴?

하나에 얼마입니까?

yī gè duō shǎo qián

一个多少钱?

이거 둬싸오 챈?

전부해서 얼마가 됩니까?

yī gòng duō shǎo (qián)

一共多少(钱)。

이꿍 둬싸오(챈)

세금이 포함된 가격입니까?

shì jiā shàng shuì fèi de jià gé ma

是加上税费的价格吗？

쓰 쟈쌍쑤이페이더 쟈거마?

너무 비쌉니다.

tài guì le

太贵了。

타이꾸이러

깎아 주시겠어요?

néng pián yi diǎn ma

能便宜点吗？

넝 팬이 땐마?

더 싼 것은 없습니까?

yǒu gèng pián yi de ma

有更便宜的吗？

유 껑 팬이더마?

깎아주면 사겠습니다.

pián yi de huà jiù mǎi le

便宜的话就买了。

팬이더 화쮸마이러

현금으로 지불하면 더 싸게 됩니까?

fù xiàn jīn de huà gèng pián yi ma

付现金的话更便宜吗?

푸 쌘진더화 껑 팬이마?

조금만 더 싸면 제가 사겠습니다.

zài pián yi diǎn r wǒ jiù mǎi le

再便宜点儿我就买了。

짜이 팬이댈 워쮸마이러

조금만 더 싸게 해주세요.

zài ràng yī diǎn r jià qián ba

再让一点儿价钱吧。

짜이 랑이댈 쨔챈바

그럼 값을 좀 깎아드릴게요.

nà wǒ gěi nín dǎ diǎn zhé r ba

那我给您打点折儿吧。

나워 게이닌 따댈 저얼바

최대한 깎아드리겠습니다.

jǐn liàng gěi nǐ yōu huì ba

尽量给你优惠吧。

진량게이 니 유후이바

여기는 정찰제입니다.

zhè lǐ bù jiǎng jià

这里不讲价。

쩌리 뿌 쟝쟈

이걸로 하겠습니다.

jiù zhè ge ba

就这个吧。

쮸우 쩌거바

지불은 어떻게 하시겠습니까?

zěn me zhī fù

怎么支付？

쩐머 즈푸?

카드도 됩니까?

kě yǐ shuā kǎ ma

可以刷卡吗？

커이 쏴카마?

여행자수표도 받나요?

shōu lǚ yóu zhī piào ma

收旅游支票吗？

써우 뤼이유 즈퍄오마?

포장과 배송하기

봉지를 주시겠어요?

néng gěi wǒ dài zi ma

能给我袋子吗?

넝 게이워 따이즈마?

이걸 선물용으로 포장해 주시겠어요?

zhè ge gěi wǒ bāo zhuāng yī xià

这个给我包装一下。

쩌어거 게이워 빠오좡 이쌰?

따로따로 포장해 주세요.

qǐng gěi wǒ fēn kāi bāo zhuāng

请给我分开包装。

칭 게이워 펀카이 빠오좡

이거 넣을 박스 좀 얻을 수 있나요?

yǒu néng zhuāng xià zhè ge de xiāng zǐ ma
有能装下这个的箱子吗？

유 넝짱쌰 쩌어거더 썅즈마?

이걸 OO호텔까지 갖다 주시겠어요?

qǐng bǎ zhè ge sòng dào ○ ○jiǔ diàn
请把这个送到OO酒店。

칭 빠 쩌어거 쑹따오 OO 쥬우땐

오늘 중으로 배달해 주었으면 하는데요.

xī wàng zài jīn tiān zhī nèi sòng guò lái
希望在今天之内送过来。

시왕찌이 진탠즈네이 쑹꿔라이

언제 배달해 주시겠습니까?

shén me shí hou sòng
什么时候送？

썬머 쓰허우 쑹?

별도로 요금이 듭니까?

xū yào lìng shōu fèi ma
需要另收费吗？

쉬요오 링 써우페이마?

이 주소로 보내 주세요.

wǎng zhè ge dì zhǐ sòng
往这个地址送。

왕 쩌어거띠즈 쑹

이 가게에서 한국으로 발송해 주십시오.

zài zhè ge diàn wǎng hán guó fā sòng ba
在这个店往韩国发送吧。

짜이 쩌거땐 왕 한궈 파쑹바

항공편으로 부탁합니다.

jiù kōng yùn ba
就空运吧。

쮸우 쿵윈바

한국까지 항공편으로 며칠 정도 걸립니까?

yòng háng kōng yóu jiàn yóu jì dào hán guó duō cháng shí jiān
用航空邮件邮寄到韩国多长时间?

융 항쿵유짼 유찌 따오 한궈 뒈창쓰쟨?

선편으로 부탁합니다.

wǒ xiǎng yòng haǐ yùn yóu jì
我想用海运邮寄。

워 샹융 하이윈유찌

unit 8

반품과 환불요청

환불해 주시겠어요?

néng tuì huán ma

能退还吗?

넝 투이환마?

구입 시에 망가져 있었습니까?

gòu mǎi shí jiù shì huài de ma

购买时就是坏的吗?

꺼우마이 쮜쓰 화이더마?

살 때는 몰랐습니다.

mǎi de shí hou bù zhī dào

买的时候不知道。

마이더쓰허우 뿌우즈따오

사이즈가 안 맞았어요.

dà xiǎo bù hé shì
大小不合适。

따쌰오 뿌허스

다른 것으로 바꿔 주시겠어요?

gěi wǒ huàn bié de kě yǐ ma
给我换别的可以吗?

게이워 환 볘더커이마?

새 것으로 바꿔드리겠습니다.

gěi nín huàn ge xīn de
给您换个新的。

게이닌 환거 씬더

반품하고 싶은데요.

wǒ xiǎng tuì huò
我想退货。

워샹 투이훠

아직 쓰지 않았습니다.

hái méi yòng
还没用。

하이 메이융

가짜가 하나 섞여 있었습니다.

yǒu yī gè jiǎ de
有一个假的。
유이거 쟈더

영수증은 여기 있습니다.

fā piào zài zhè r
发票在这儿。
파표우 짜이 쩌어얼

어제 샀습니다.

shì zuó tiān mǎi de
是昨天买的。
스 쮀탠 마이더

산 물건하고 다릅니다.

gēn mǎi de dōng xi bù yī yàng
跟买的东西不一样。
껀 마이더 뚱시 뿌우이양

수리해주든지 환불해 주십시오.

gěi wǒ xiū huò zhě tuì qián
给我修或者退钱。
게이워 슈우 훠쩌 투이챈

베이징(北京)

전문대가

치앤먼 따지에는 청나라 때부터 이어진 전통적인 거리로, 보호 수리되어 현대적인 모습과 베이징의 전통적인 모습을 공유한 곳이다. 모피와 비단 등 중국을 대표하는 물건들도 판매하지만 베이징의 특색을 나타낸 물건보다는 다국적 브랜드가 많은 것이

아쉽다. 전문대가를 가다보면 대책란이 나오는데 골목으로 상가와 음식점이 즐비하다.

왕부정

왕푸징은 우리나라의 명동과 비슷한 느낌으로 대형 백화점과 대형 쇼핑몰이 있어 베이징의 대표적인 쇼핑가이다. 특히 왕푸징 꼬치구이 거리는 북경의 명물로 불가사리, 전갈 외에도 다양한 먹거리를 만날 수 있다. 저렴한 기념품들도 판매하며 흥정은 필수이다.

수수가

슈수이제는 북경의 짝퉁시장
으로 1호선 영안리역 A출구
로 연결되어 있다. 명품가방
과 지갑, 옷, 운동화외에도
진주와 비단 등 중국의 공예
품도 만나 볼 수 있다.

상하이(上海)

치푸루

2호선 허난베이루역 또는 10
호선 티앤통루에서 하차하며
의류 도매시장으로 많은 한
국 상인들도 치푸루에서 상
품을 구입해 간다. 현대식 설
비를 갖추고 있으며 패션에
관한 모든 것을 판매한다.

동타이루골동품 시장

벼룩시장 같은 곳으로 규모가 크지 않다. 다만 고층빌딩 뒤에
숨겨진 상해를 보고 싶다거나 시간이 멈춘 듯한 한적한 중국을
느껴보고 싶다면 가 봐도 좋다. 동타이루에서 도보 20분 거리
에 신천지가 있다.

통양시장

한인타운과 인접해 있고 가방, 액세서리, 의류 등을 판매한다.
2호선 상해 과학관역에도 짝퉁시장이 있는데 우리나라의 지하
상가와 비슷하다.

칭다오(靑島)

쩌모루시장

짝퉁시장으로 유명하지만 일반적인 시장으로 짝퉁은 일부이다. 규모가 크지 않은 것이 단점. 도보 20분정도 이동하면 먹자골목으로 유명한 피차이위앤이 있어 다양한 꼬치 등을 맛 볼 수 있다.

홍콩중로(샹강중로)

칭다오의 대표적인 백화점인 양광백화점, 건너편의 까르푸는 일반상가와 음식점등이 입점 되어 있어 식사도 가능하다. 영화관과 헬스장 등을 갖추고 있는 마이칼 백화점과 규모는 작지만 잘 정돈된 느낌의 할인점 저스코가 자리하고 있다.

광저우(广州)

베이징루

광저우 최대의 번화가로 현대적이면서 중국의 색채가 묻어나는 젊음의 거리로 명동과 같은 쇼핑가이다. 광바이백화

점이 유명하다.

텐허루

텐허청은 광저우 제일의 종합 쇼핑몰로 의류, 식품, 식당가 외에 놀이시설도 갖추고 있어 논스톱 쇼핑이 가능하다.

짠시루 시장

광주역 주변을 중심으로 짠시루, 짠난루, 짠첸루 등 의류 도소매 상가가 자리하고 있다. 짝퉁시장으로 유명하며 시계, 의류, 신발, 가방 등을 판매하고 있고 그 중 짠시루가 제일 유명하다.

※ 이미테이션은 입국 시에 문제가 될 수 있으니 소량 구매힌다.

중국쇼핑 목록 Tip

중국의 3대 명주(名酒)

수정방

중국 백주의 최고봉으로 수정처럼 맑고 은은하면서 고운 향이 장시간 계속되는 것이 특징으로 도수가 높은 것이 가격도 비싸다.

마오타이

제조 공정만 1년이 소요되고 4년의 숙성 기간을 거치므로 모두 5년의 생산기간이 걸린다. 수요에 비해 공급이 절대적으로 부족하여 가짜가 많으니 주의한다.

오량액

수수, 쌀, 찹쌀, 옥수수, 밀 등 5가지를 혼합하여 만들었다 하여 오량액이다. 알코올 도수가 높지만 맛이 부드럽고 쓰촨성과 이빈시에서 생산된 것을 최고로 꼽는다.

중국 차(茶)

푸얼차

보이차는 오래될수록 떫은맛이 사라지고 향기가 오래 지속되는 것이 특징이다. 지방과 콜레스테롤 분해에 효과가 있어 다이어트에 도움이 되지만 인공발효 숙차도 많으니 지식 없이 현지에서 구입하는 것은 조심해야 한다.

자스민차

생리통 완화와 우울증 완화에 효과가 있는 것으로 알려진 자스민차는 향이 좋고 쓴

맛이 강하지 않아 여자들에게 인기가 있다.

우롱차

우롱차는 반 발효차로 녹차
와 홍차의 중간 성질을 갖는
다. 다이어트에 효능이 있으
며 녹차보다 높은 온도에서
우려내며 떫은맛도 덜하다.

천복명차

중국과 대만의 최대 차회사로 투명한 유통구조와 체계적인 관
리로 차에 대한 지식이 없어도 안심하고 구입할 수 있다. 다소
비싸기는 하지만 일단 안심하고 구입할 수 있는 장점이 있으며
체인점이 많기 때문에 백화점 식품관 등에서 쉽게 찾을 수 있
다.

地域 (dì yù) 띠 위	지역
免税 (miǎn shuì) 맨쑤이	면세
食品店 (shí pǐn diàn) 스 핀 땐	식료품점
~找 (zhǎo) 짜오	~을 찾다
便利 (biàn lì) 뺀 리	편리
打折贩卖 (dǎ zhé fàn mài) 따 쩌판 마이	할인판매
事业 (shì yè) 쓰 예	사업
摸 (mō) 무어	만지다
被叫为 (bèi jiào wéi) 뻬이 쪼우 워이	불리우다
运动鞋 (yùn dòng xié) 윈 뚱 셰	운동화
夫人 (fū rén) 푸 런	부인
舒服的 (shū fu de) 쑤 푸 더	편한
棉 (mián) 맨	면
提案 (tí àn) 티 안	제안하다
更好的 (gèng hǎo de) 꺼엉 하오 더	더 나은

品质 (pǐn zhì) 핀 쯔	품질
花哨的 (huā shào de) 화 싸오 더	화려한
一般的 (yī bān de) 이 빤 더	수수한
风格 (fēng gé) 펑 거	스타일
设计 (shè jì) 써 찌	디자인
类似的 (lèi sì de) 레이 쓰 더	유사한
量 (liáng) 량	재다
更大的 (gèng dà de) 꺼엉 따 더	더 큰
层 (céng), 地面 (dì miàn) 청, 띠 맨	층, 바닥
衣类 (yī lèi) 이 레이	의류
淑女 (shū nǚ) 쑤 뉘이	숙녀
穿 (chuān) 촨	입다
由~做成 (yóu zuò chéng) 유 ~ 쭤 청	~에서 만들어지다
丝绸 (sī chóu) 스 처우	비단
手工制品 (shǒu gōng zhì pǐn) 써우 꿍 쯔 핀	수제품

SEA
BARRENTS SEA
NOVAYA ZEMLYA I.
KARA SEA
Yamal Pen.
NORWEGIAN SEA
NORWAY
SWEDEN
FINLAND
Oslo
Stockholm
Helsinki
Kola Pen.
Sankt Peterburg
ESTONIA
Tallinn
EUROPE
North Ural Highland
URAL MOUNTAINS
SCOTLAND
UNITED KINGDOM
DENMARK
Copenhagen
LATVIA
Riga
Moscow
NORTHERN IRELAND
IRELAND
Dublin
WALES
ENGLAND
LITHUANIA
Vilnius
Minsk
POLAND
Berlin
Warsaw
BELORUS
GERMANY
Düsseldorf
Frankfurt
Praha
CZECH
SLOVAKIA
Bratislava
UKRAINE
Kiyev
Kharkiv
KAZAKHST
Paris
FRANCE
AUSTRIA
SWITZERLAND
HUNGARY
MOLDOVA
ROMANIA
Bucharest
CROATIA
ITALIA
Milano
Roma
SLOVENIA
SERBIA
Belgrade
BULGARIA
MACEDONIA
ALBANIA
BLACK SEA
GRUZIYA
Tbilisi
ARMENIA
AZERBAIJAN
KAZAKHST
UZBEKISTAN
Tashkent
TURKMENISTAN
Ashkhabad
Dushanbe
TADJIK
AFGHANISTAN
Kabul
PORTUGAL
SPAIN
Madrid
Lisbon
MONACO
ANDORRA
GREECE
Athens
Istanbul
Ankara
TURKEY
Tehran
IRAN
PAKISTAN
MALTA
Valletta
CYPRUS
Nicosia
SYRIA
Beirut
LEBANON
ISRAEL
Jerusalem
Damascus
Amman
JORDAN
Baghdad
IRAQ
KUWAIT
Rabat
Casablanca
MOROCCO
TUNISIA
Tripoli
Cairo
El Gîza
MEDITERRANEAN SEA
Alexandria
SAUDI ARABIA
Riyadh
BAHRAIN
QATAR
Abu Dhabi
UNITED ARAB EMIRATES
Karachi
GULF OF OMAN
ALGERIA
LIBYA
EGYPT
Arabia Pen.
OMAN
ARABIA
MALI
AFRICA
NIGER
CHAD
SUDAN
Khartoum
Asmara
ERITREA
YEMEN
Aden
SEA
RITANIA
Bamako
BURKINA FASO
Ouagadougou
N'djamena
NIGERIA
Abuja
CENTRAL AFRICAN REP.
Addis Ababa
ETHIOPIA
DJIBOUTI
Djibouti
COTE D'IVOIRE
GHANA
Yamoussoukro
LIBERIA
CAMEROON
Yaoundé
Bangui
SOMALIA
Mogadishu
EQUATORIAL GUINEA
SAO TOME AND PRINCIPE
GULF OF GUINEA
GABON
CONGO
Libreville
DEMOCRATIC REP. OF CONGO
UGANDA
Kampala
KENYA
Nairobi
RWANDA
Kigali
BURUNDI
Bujumbura
MALDIV
SOUTH ATLANTIC OCEAN
Kinshasa
TANZANIA
Dar es Salaam
SETCHELLES
Victoria
Luanda
ANGOLA
COMOROS
Moroni
ZAMBIA
MADAGASCAR
Antananarivo
Port Louis
MAURITIUS
ZIMBABWE
Harare
MOZAMBIQUE
NAMIBIA
BOTSWANA
Gaborone
Maputo
SWAZILAND
REP. OF SOUTH AFRICA
Durban
Port Elizabeth

PART 07
通信
통신

1 여보세요, 톰 좀 바꿔 주세요.

你好, 能换下TOM吗?

nǐ hǎo, néng huàn xià TOM ma 니하오, 넝환쌰 톰 마?

위의 표현 대신 쓸수 있는 문장

你好, 哲敏君上班了吗?

nǐ hǎo, zhé mǐn jūn shàng bān le ma 니하오, 저민쥔 쌍반러마?

여보세요, 철민씨가 출근했나요?

2 접니다.

是我。

shì wǒ 쓰 워

위의 표현 대신 쓸수 있는 문장

啊, TOM出去办事了。

à TOM chū qu bàn shì le 아, 탐 추취 빤스러

아, 톰선생은 일보러 나가셨습니다.

3 (전화를 거신 분은) 누구십니까?

请问您是?

qǐng wèn nín shì 칭 원 닌쓰?

위의 표현 대신 쓸수 있는 문장

请问尊名?

qǐng wèn zūn míng 칭원 쭌밍?

실례지만 존함이 어떻게 되시죠?

❹ (끊지 말고 잠깐만) 기다리십시오.

请稍等。

qǐng shāo děng

칭 싸오 덩

他在接手机，请稍等。

tā zài jiē shǒu jī, qǐng shāo děng　타짜이 제 써우지 칭 싸오덩

지금 휴대폰을 받고 있으니 잠깐만 기다리세요.

❺ 메세지를 남기시겠습니까?

要留言吗?

yào liú yán ma

요우 류앤 마?

有什么事需要我转告吗?

yǒu shén me shì xū yào wǒ zhuǎn gào ma　유 썬머쓰 쉬요워 쫜꼬우마?

혹시 제가 전해드릴 말씀이라도 있는지요?

❻ 제가 전화를 잘못 걸었습니다.

我打错电话了。

wǒ dǎ cuò diàn huà le

워 따추어 땐화러

不用了，我回头再打吧。

bù yòng le, wǒ huí tóu zài dǎ ba　뿌융러, 워후이터우 짜이따바

괜찮습니다. 제가 다시 전화하지요.

초대와 방문하기

함께 점심 식사나 하시겠어요?

yī qǐ chī wǔ cān hǎo ma

一起吃午餐好吗?

이치츠 우찬 하오마?

오늘 밤에 저와 저녁 식사하시겠어요?

jīn tiān wǎn shàng hé wǒ yī qǐ chī fàn hǎo ma

今天晚上和我一起吃饭好吗?

진탠완쌍 허워 이치츠판하오마?

제가 대접하겠습니다.

wǒ qǐng kè

我请客。

워 칭커

당신이 오셔 주었으면 합니다.

xī wàng nín shǎng guāng
希望您赏光。

시왕 닌 쌍광

한잔 어떻습니까?

lái yī bēi zěn me yàng
来一杯怎么样?

라이 이뻬이 쩐머양?

몇 시가 좋습니까?

jǐ diǎn zhōng hǎo
几点钟好?

지땐중 하오?

어느 때라도 좋아요.

shén me shí hòu dōu kě yǐ
什么时候都可以。

썬머쓰허우 떠우커이

고맙습니다! 기꺼이 그러죠.

xiè xie! jiù zhè me bàn ba
谢谢! 就这么办吧。

쎄쎄! 쮸 쩌머빤바

가고 싶지만, 시간이 없습니다.

xiǎng qù, dàn shì méi shí jiān

想去，但是没时间。

샹취, 딴쓰 메이쓰쟨

죄송하지만, 선약이 있습니다.

duì bu qǐ yǐ jing bèi yù yuē le

对不起已经被预约了。

뚜이부치 이징뻬이 위웨러

와 주셔서 감사합니다.

xiè xie guāng lín

谢谢光临。

쎄쎄 꽝린

요리를 잘 하시는군요!

caì zuò de hěn hǎo chī a

菜做得很好吃啊！

차이 쭤더 헌하오츠아!

이만 가보겠습니다.

jiù cǐ shī péi le

就此失陪了。

쮸 츠스페이러

unit 2

전화걸기와 전화 받기

이 근처에 공중전화는 있습니까?

zhè fù jìn yǒu gōng yòng diàn huà ma

这附近有公用电话吗?

찌 푸진 유 꿍융땐화마?

얼마 넣습니까?

fàng duō shǎo qián

放多少钱?

팡 둬싸오 챈?

이 전화로 시외전화를 할 수 있나요?

yòng zhè diàn huà kě yǐ dǎ shì wài diàn huà ma

用这电话可以打市外电话吗?

융 쩌땐화 커이따 쓰와이 땐화마?

이 전화로 한국에 걸 수 있나요?

yòng zhè diàn huà kě yǐ wǎng hán guó dǎ ma

用这电话可以往韩国打吗?

융 쩌 땐화커이 왕 한궈따마?

한국으로 전화를 하려면 어떻게 하면 됩니까?

zěn me yàng cái néng dǎ dào hán guó

怎么样才能打到韩国?

쩐머양 차이 넝따또우 한궈?

상해의 시외번호는 몇 번입니까?

shàng hǎi shì wài hào shì duō shǎo

上海市外号是多少?

쌍하이 쓰와이하오쓰 둬싸오?

한국으로 국제전화를 부탁합니다.

xiǎng wǎng hán guó dǎ guó jì diàn huà

想往韩国打国际电话。

샹왕 한궈 따 궈찌땐화

내선 28번으로 돌려주세요.

qǐng zhuǎn nèi xiàn èr shí bā hào

请转内线28号。

칭 좐네이쌘 얼스빠하오

여보세요, 국제호텔이지요?

wèi, qǐng wèn shì guó jì jiǔ diàn ma

喂，请问是国际酒店吗？

워이, 칭원쓰 궈지쥬우땐마?

왕호씨를 부탁합니다.

qǐng zhǎo wáng hào xiān shēng

请找王浩先生。

칭짜오 왕하오쌘성

여보세요, 왕씨입니까?

nǐ hǎo, shì wáng xian sheng ma

你好，是王先生吗？

니하오, 쓰왕쌘성마?

여보세요, 저는 한국에서 온 김입니다.

wèi, wǒ shì hán guó lái de xìng jīn de

喂，我是韩国来的姓金的。

워이, 워쓰 한궈라이더 씽진더

저에게 전화하라고 전해주세요.

ràng tā gěi wǒ huí diàn huà

让他给我回电话。

랑 타 게이워 후이땐화

죄송해요. 잘못 걸었습니다.

wǒ dǎ cuò le, duì bu qǐ

我打错了，对不起。

워 따춰러, 뚜이부치

누구를 찾으십니까?

nǐ zhǎo shéi

你找谁？

니짜오 쎄이?

어느 분을 찾으십니까?

nín zhǎo nǎ yī wèi

您找哪一位？

닌 짜오 나이 워이?

미안합니다, 다시 한번 말씀해 주십시오.

duì bù qǐ, qǐng zài shuō yī biàn

对不起，请再说一遍。

뚜이부치, 칭 짜이 쉬이빤

용건이 뭐지요?

nín yǒu shén me shì

您有什么事？

닌 유썬머쓰?

잠시 기다려 주시겠습니까?

qǐng shāo děng
请稍等。

칭 싸오떵

통화중입니다.

tōng huà zhōng
通话中。

퉁화중

전언을 부탁할 수 있습니까?

kě yǐ bāng wǒ shao kǒu xìn ma
可以帮我捎口信吗？

커이빵워 싸오코우 씬마?

전화 고마웠습니다.

xiè xie nín de lái diàn
谢谢您的来电。

쎄쎄 닌더 라이뎬

죄송합니다. 잘못 거셨습니다.

duì bu qǐ, nǐ dǎ cuò le
对不起，你打错了。

뚜이부치, 니 따춰러

우체국에서 우편 부치기

가장 가까운 우체국은 어디에 있습니까?

zuì jìn de yóu jú zài nǎ

最近的邮局在哪?

쭈이찐더 유쮜 짜이나?

우표는 어디서 삽니까?

yóu piào yào qù nǎ li mǎi

邮票要去哪里买?

유퍄오 요우취 나리이마이?

우체통은 어디에 있나요?

yóu xiāng zài nǎ

邮箱在哪?

유샹 짜이나아?

우체국은 몇 시에 닫습니까?

yóu jú jǐ diǎn guān mén

邮局几点关门？

유쥐 지댄 꽌먼?

이걸 한국으로 부치고 싶습니다.

xiǎng bǎ zhè ge jì dào hán guó qù

想把这个寄到韩国去。

샹바 쩌거 찌따오 한궈취

엽서를 보내고 싶습니다.

xiǎng jì míng xìn piàn

想寄明信片。

썅 찌 밍 씬팬

이 소포를 한국으로 보내고 싶은데요.

xiǎng bǎ zhè ge yóu bāo jì dào hán guó qù

想把这个邮包寄到韩国去。

샹 바 쩌어거 유빠오 지따오 한궈취

이걸 한국으로 보내려면 얼마나 듭니까?

xiǎng bǎ zhè ge jì dào hán guó xū yào duō shǎo qián

想把这个寄到韩国需要多少钱？

샹바 쩌거 지따오 한궈 쉬요우 둬쏘우 챈?

속달로 보내 주세요.

qǐng sù dì guò qù
请速递过去。

칭쑤티 궈취

이 우편 요금은 얼마입니까?

yóu zhè ge yào duō shǎo qián
邮这个要多少钱?

유 쩌거 요우 둬싸오챈?

한국에는 언제 쯤 도착합니까?

dǐ dá hán guó yào duō cháng shí jiān
抵达韩国要多长时间?

디다 한궈 요우 둬창쓰잰?

항공편(선편)으로 부탁합니다.

xū yào kōng yùn(chuán yùn)
需要空运(船运)。

쉬 요우 쿵윈(촨윈)

선편이라면 며칠 정도면 한국에 도착합니까?

hǎi yùn xū yào duō cháng shí jiān dào hán guó
海运需要多长时间到韩国?

하이윈 쉬야오 둬창 쓰잰 따오 한궈?

내용물은 무엇입니까?

lǐ miàn shì shén me
里面是什么?
리맨쓰 썬머?

개인적으로 사용하는 것입니다.

shì sī rén wù pǐn
是私人物品。
쓰 쓰런 우핀

깨지기 쉬운 것이 들어 있습니다.

yǒu yi sui wù
有易碎物。
유 이쑤이우

수취증명서를 보내주세요.

gěi wǒ fā tí huò zhèng míng
给我发提货证明。
게이워 파아 티훠쩡밍

은행에 가서 일보기

뭘 도와 드릴까요?

yǒu shén me kě yǐ bāng zhù nín

有什么可以帮助您?

유 썬머커이 빵쭈닌?

여행자 수표를 현금으로 바꾸고 싶은데요.

wǒ xiǎng bǎ lǚ xíng zhī piào huàn chéng xiàn jīn

我想把旅行支票换成现金。

워 샹빠아 뤼싱쯔표우 환청 쌘찐

제 계좌에서 돈을 찾고 싶은데요.

wǒ xiǎng qǔ qián

我想取钱。

워샹 취챈

여기서 환전할 수 있을까요.

kě yǐ zài zhè li huàn qián ma
可以在这里换钱吗?

커이 짜이 쩌어리이 환챈마?

현재 환율은 얼마입니까?

xiàn zài huì lù shì duō shǎo
现在汇率是多少?

쌘짜이 후이뤼쓰 둬싸오?

현금을 어떻게 드릴까요?

yòng shén me yàng de fang shì gěi nín xiàn jīn ne
用什么样的方式给您现金呢?

융 썬머양더어 팡쓰 게이닌 쌘찐너?

고액권으로 드릴까요, 소액권으로 드릴까요?

nín yào dà miàn zhí huò bì ne hái shi xiǎo miàn zhí de
您要大面值货币呢还是小面值的?

닌요우 따맨즈 훠삐너 하이쓰 쇼우맨즈더?

잔돈이 필요합니다.

xū yào líng qián
需要零钱。

쉬요우 링챈

- 90도로 인사하는 것은 오히려 예의가 아니므로 가벼운 인사와 악수가 좋다.
- 중국은 숫자에 민감하여 많은 의미를 부여한다. 짝수는 길하고 홀수는 흉하다하여 축의금은 짝수로, 부의금은 홀수로 한다.
- 선물은 짝수로 선물하는데 숫자4는 우리와 같은 의미로 불길하게 여기므로 피한다.
- 선물은 세 번 이상 권하는 것이 매너이니 그 이상을 권한다.

- 부귀와 영화를 뜻하는 숫자 8을 좋아하고 빨간색 포장이나 화려한 포장을 좋아한다.
- 정해진 사람 외에도 여러 사람이 올 수 있으니 명함은 충분히 준비하고 명함을 받았을 때 바로 지갑에 넣거나 가방에 넣는 것은 상대방을 낮추는 행위이니 주의한다.

● 물고기 요리는 뒤집어서는 안되는데 배가 뒤집힌다하여 불길하게 생각한다.

● 밥그릇은 왼쪽에 놓고 젓가락은 밥에 꽂아두면 안되는데 우리나라와 같은 의미이다.

● 테이블 중앙의 메인요리는 주인이 가장 신경 쓴 요리로 맛있게 먹어주는 것이 예의.

● 주인은 푸짐하게 차리고 손님은 음식을 남겨야 잘 대접 받았다는 의미이다.

● 식사를 마친 후 숟가락을 엎어놓는 것은 사용한 수저를 남에게 보이지 않기 위해서이다.

● 술을 권유 받았을 때는 상대방과 속도를 맞춰 마신다. 너무 빨리 마시거나 안 마시는 것은 무례하게 보일 수 있으므로 주의한다.

※ 중국의 탁자는 둥글고 원만하여 '영원하다' 라는 좋은 뜻이 담겨있다.

공중전화

● 공중전화가 국제전화가 되는지 확인해야 하는데 공항에는

국제전화가 대부분 되지만 시내에는 안되는 곳도 있다.

● IC카드는 그냥 공중전화에 꽂아서 사용하고 IP카드는 접속버튼을 누른 다음에 안내음성에 따라 카드번호를 눌러서 연결하는 방식으로 IC카드는 국내용이다.

● 카드에 따라 ARS가 모두 다르지만 예를 들면

① 국제전화 서비스 번호를 누른다.

② 안내방송의 언어 선택 중국어 1번, 영어 2번

③ 카드번호 입력 후 우물정자(#) 누름

④ 카드비밀번호 입력 후 우물정자 누름

⑤ 전화번호 누르기

● **한국에 일반전화기로 전화걸 때**
국제전화서비스번호+82(한국국가번호)+2(지역번호)+123-4567(전화번호)

● **한국에 휴대폰, 인터넷 전화기로 걸 때**
국제전화서비스번호+82(한국국가번호)+10(010일 경우)+123-4567(전화번호)

로밍하기

로밍은 편리하지만 이용 요금이 비싼 단점이 있다. 스마트폰은 자동으로 로밍이 되기 때문에 출국시 전원을 끄거나 공항에 마련된 이동통신사의 로밍센터에서 데이터로밍 차단 서비스를 신청하면 데이터 요금이 발생하지 않는다. 인터넷을 사용하지 않아도 애플리케이션 업데이트 등으로 요금이 부과될 수 있으니 꼭 데이터 차단 서비스를 신청한다.
상당량의 데이터를 이용할 계획이라면 하루 9천원~만원 정도인 무제한 데이터로밍 요금제에 가입하면 요금부담을 줄일 수 있다. 다양한 서비스와 이벤트가 있으니 로밍센터에서 자신에게 맞는 것으로 선택한다.

호텔에서 전화걸기

대도시의 고급호텔은 객실에서 직접 국제전화가 가능하지만 지방의 소도시나 규모가 작은 호텔 등에서는 직접 거는 것이 불가능 할 경우 프런트에 신청하거나 장거리 전화국에 가야 국제 통화가 가능한 경우가 있다.

중국 우체국 이용하기 Tip

녹색으로 되어 있는 우체국(POST OFFICE)과 우체통을 이용하면 된다.

- 지역마다 운영시간이 조금씩 다르니 미리 체크한다.(오전 8시~오후 6시 사이 정도)
- 우편 외에도 환전과 국제송금 등 은행업무도 가능하다.
- 국내, 국제, 특급에 따라 봉투가 다르므로 직원에게 용도에 맞는 것을 받는다.

- 소포의 경우 직원이 물품을 확인하므로 미리 포장하지 않아도 되고 국제소포의 경우 우체국에서 판매되는 상자만 보낼 수 있다.
- 소포는 특송은 추적 가능하지만 일반은 추적 불가능이니 고가는 꼭 특송으로 보낸다.
- 국내 우편물은 보내는 사람이 우측 하단으로 우리와 반대지만 국제 우편은 세계 공통으로 받는 사람이 우측 하단이다.

중국 우편물 기간

- 일반우편 : 중국내 7일, 외국 15일 소요
- 등기우편 : 중국내 2~3일, 외국 4~5일 소요(추적가능)
- 보험우편 : 중국내 2~3일, 외국 4~5일 소요

  은행통장, 신분증, 여권, 영수증 등 중요한 서류 발송 시 이용 물품 가격의 1%의 보험료를 지불해야 한다.
- 빠른우편 : 중국내 2~3일, 외국 4~5일

公用电话 (gōng yòng diàn huà)	꿍융댄화	공중전화
长距离 (cháng jù lí)	창쮜리	장거리
投进去 (tóu jìn qù)	터우찐취	넣다
电话卡 (diàn huà kǎ)	댄화카	전화카드
地区编码 (dì qū biān mǎ)	띠취뱬마	지역번호
内线 (nèi xiàn)	네이쌘	내선
重拨 (chóng bō)	충부어	다시 걸다
接触 (jiē chù)	제이추	접촉하다
联系 (lián xì)	래앤씨	연결하다
部门 (bù mén)	뿌먼	부서
再慢点 (zài màn diǎn)	짜이만댄	더 느리게
邮筒 (yóu tǒng)	유우퉁	우체통
近的 (jìn de)	찐더	가까운
包裹 (bāo guǒ)	뽀우궈	소포

PART 08

苦惱

트러블

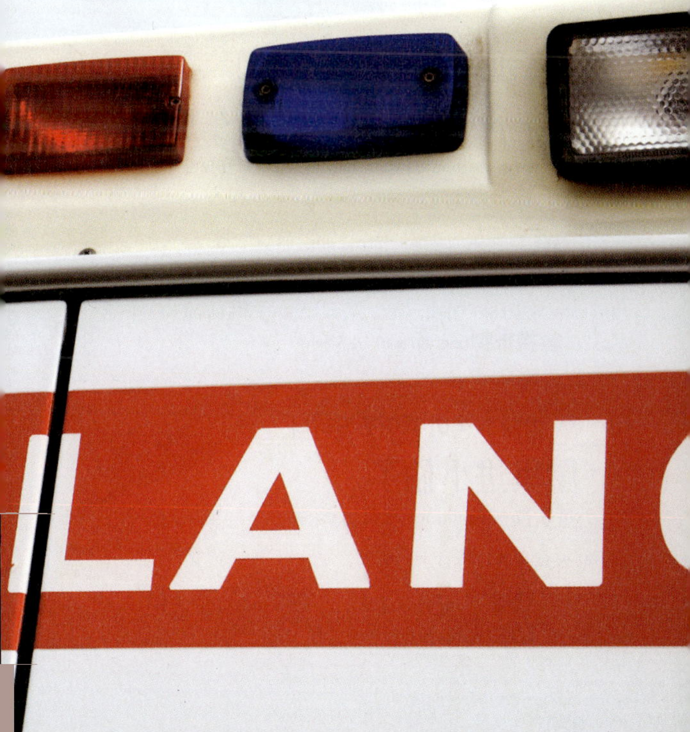

1 중국어를 할 줄 아십니까?

会说中国语吗?

huì shuō zhōng guó yǔ ma　후이 쉬 쭝궈위마?

중국어 대신 쓸 수 있는 단어

- **英语**(yīng yǔ) 영어
- **德语** (dé yǔ) 독일어
- **日语**(rì yǔ) 일본어
- **韩国语**(hán guó yǔ) 한국어
- **西班牙语**(xī bān yá yǔ) 스페인어

2 차 안에 지갑을 두고 내렸습니다.

下车的时候把钱包落在车里了。

xià chē de shí hou bǎ qián bāo là zài chē li le

쌰처더 쓰허우 빠챈뽀우 라짜이 처리러

지갑 대신 쓸 수 있는 단어

- **护照**(hù zhào) 여권
- **相机**(xiàng jī) 카메라
- **包**(bāo) 가방
- **手机**(shǒu jī) 핸드폰
- **携带物**(xié dài wù) 소지품

3 방에 도둑이 들어왔습니다.

屋里进小偷了。

wū lǐ jìn xiǎo tōu le　우리 찐 쇼터우러

도둑 대신 쓸 수 있는 단어

- **强盗**(qiáng dào) 강도
- **毛贼** (máo zéi) 좀도둑
- **陌生人**(mò shēng rén) 낯선 사람

4 두통이 있습니다.

头疼。

tóu téng　　터우텅

- 牙痛 (yá tòng) 치통
- 疼痛 (téng tòng) 통증
- 晕机 (yūn jī)　비행기 멀미
- 腹痛 (fù tòng)　복통

5 몸이 나른합니다.

浑身无力。

hún shēn wú lì　　훈썬 우리

- 发晕 (fā yūn) 어지러움
- 呕吐 (ou tu) 구토
- 寒冷 (hán lěng) 추위
- 好点了 (hǎo diǎn le) 좀 나아지다

6 경찰서가 어디에 있습니까?

警察局在哪里?

jǐng chá jú zài nǎ li　　징차쥐 짜이 나리?

- 医院 (yī yuàn) 병원
- 药店 (yào diàn) 약국
- 失物招领处 (shī wù zhāo lǐng chù) 분실물 취급소
- 韩国大使馆 (hán guó dà shǐ guǎn) 한국대사관

중국어가 서툴 때

중국어를 할 줄 압니까?

huì shuō zhōng guó yǔ ma

会说中国语吗?

후이쉬 쭝궈위마?

중국어는 할 줄 모릅니다.

bù huì shuō zhōng guó yǔ

不会说中国语。

부후이쉬 쭝궈위

중국어를 잘 못합니다.

zhōng guó yǔ bù shì hěn liú lì

中国语不是很流利。

쭝궈위 부쓰 헌류이리

영어를 하는 사람은 있습니까?

yǒu huì yīng yǔ de rén ma
有会英语的人吗？

유 후이 잉위더 런마?

통역을 부탁하고 싶은데요.

xiǎng bài tuō nín fān yì yī xià
想拜托您翻译一下。

샹 빠이퉈닌 판이이쌰

어느 나라 말을 하십니까?

nín shuō nǎ guó yǔ yán
您说哪国语言？

닌숴 나궈 위얜?

한국어로 쓰인 것은 있습니까?

yǒu yòng hán guó yǔ xiě de ma
有用韩国语写的吗？

유융 한궈위 셰더마?

한국어판은 있습니까?

yǒu hán guó yǔ bǎn de ma
有韩国语版的吗？

유 한궈위 빤더마?

여기서는 아무도 한국어를 못 합니다.

zhè méi yǒu huì shuō hán guó yǔ de rén
这没有会说韩国语的人。

쩌메이 유후이쉬 한궈위더런

좀더 천천히 말씀해 주세요.

qǐng nín zài màn diǎn shuō
请您再慢点说。

칭닌 짜이 만댄 쉬

당신이 말하는 것을 모르겠습니다.

wǒ bù dǒng nín zài shuō shén me
我不懂您在说什么。

워 뿌둥닌 짜이 쉬썬머

그건 무슨 뜻입니까?

nà ge shì shén me yì si
那个是什么意思？

나거어쓰 썬머이쓰?

써 주세요.

gěi wǒ xiě shàng ba
给我写上吧。

게이워 셰쌍바

위급상황시 대처하기

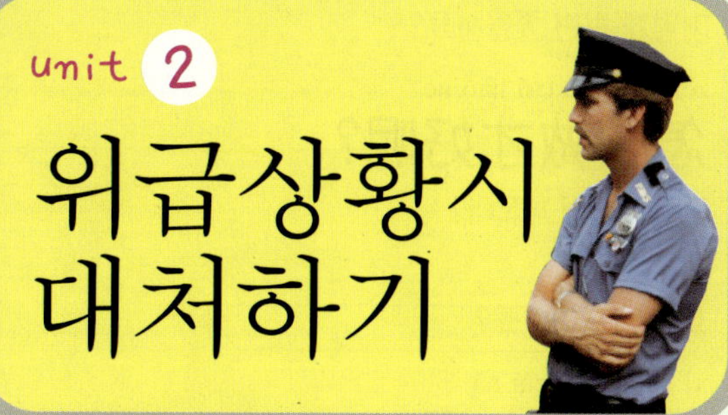

문제가 생겼습니다.

chū xiàn wèn tí le

出现问题了。

추우쌘 원티러

지금 무척 난처합니다.

xiàn zài fēi cháng nán bàn

现在非常难办。

쌘짜이 페이창 난빤

무슨 좋은 방법은 없을까요?

méi yǒu shén me hǎo bàn fǎ ma

没有什么好办法吗？

메이유썬머 하오빤파마?

어떻게 하면 좋을까요?

zěn me zuò cái hǎo ne

怎么做才好呢?

쩐머쭤 차이 하오너?

화장실은 어디죠?

xǐ shǒu jiān zài nǎ

洗手间在哪?

시이써우잰 짜이나?

무엇을 원하세요?

xiǎng yào shén me

想要什么?

썅야오 썬머?

가진 돈이 없어요!

méi yǒu qián

没有钱。

메이유 챈!

시키는 대로 할게요.

wǒ huì àn zhào nín shuō de zuò de

我会按照您说的做的。

워 후이 안짜오 닌쉬더 쭤더

잠깐! 뭐하는 겁니까?

děng huì ér, gàn shén me ne
等会儿，干什么呢?
떵후이얼, 깐 썬머너?

저리 가요!

bié guò lái
别过来!
볘 꿔라이!

가까이 오지 말아요.

bù yào kào jìn
不要靠近。
뿌야오 카오찐

도와주세요!

qǐng bāng máng
请帮忙!
칭빵망!

경찰을 부르겠다!

wǒ yào jiào jǐng chá
我要叫警察。
워 야오쨔오 징차!

물건도난시 대처하기

열차 안에 지갑을 두고 내렸습니다.

bǎ qián bāo là zài liè chē le

把钱包落在列车了。

빠아챈뿌우 라짜이 레이처러

어디서 잃어버렸는지 기억이 안 납니다.

bù jì de zài nǎ r diū shī le

不记得在哪儿丢失了。

뿌찌더짜이 날 듀쓰 러

여기서 카메라 못 보셨어요?

zài zhè méi kàn jiàn xiàng jī ma

在这没看见相机吗?

짜이절 메이칸잰 쌍지마?

멈춰! 도둑이야!

zhàn zhù xiǎo tōu
站住! 小偷!

짠주! 샤오터우!

저놈이 내 가방을 뺏어갔어요!

shì tā bǎ wǒ de bāo ná zǒu le
是他把我的包拿走了。

쓰타 빠워더빠오 나쩌우러!

지갑을 도둑맞았어요!

qián bāo bèi tōu le
钱包被偷了。

챈빠오 뻬이터우러!

지갑을 소매치기 당한 것 같아요.

qián bāo dà gài bèi pá le qù le
钱包大概被扒了去了。

챈빠오 따까이 뻬이 파러취러

방에 도둑이 들어왔습니다.

fáng jiān lǐ jìn xiǎo tōu le
房间里进小偷了。

팡잰리 찐 샤오터우러

경찰서는 어디에 있습니까?

jǐng chá jú zài nǎ er
警察局在哪儿？

징차쥐 짜이나얼?

경찰에 신고해 주시겠어요?

néng bāng wǒ bào jǐng ma
能帮我报警吗？

넝빵워 빠오징마?

누구에게 알리면 됩니까?

yào gēn shéi shuō
要跟谁说？

야오 껀쎄이쉬?

경찰에 도난신고서를 내고 싶은데요.

xiǎng wǎng jǐng chá jú tí chū bèi dào bào gào
想往警察局提出被盗报告。

샹왕 징차쥐 티추 뻬이따오빠오꼬

찾으면 한국으로 보내주시겠어요?

zhǎo dào le de huà wǎng hán guó jì guò lái kě yǐ ma
找到了的话往韩国寄过来可以吗？

짜오 또우러어더 화 왕 한궈 찌꿔라이 커이마?

unit 4 교통사고시 대처하기

큰일 났습니다.

chū dà shì le

出大事了。

추 따쓰러

교통사고가 일어났습니다.

chū chē huò le

出车祸了。

추 처훠러

구급차를 불러 주세요.

qǐng jiào jiù hù chē

请叫救护车。

칭짜오 쮸후처

다친 사람이 있습니다.

yǒu rén shòu shāng le

有人受伤了。

유런 써우쌍러

저를 병원으로 데려가 주시겠어요?

qǐng sòng wǒ dào yī yuàn kě yǐ ma

请送我到医院可以吗?

칭 쑹워따오 이왠 커이마?

사고를 냈습니다.

wǒ chuǎng huò le

我闯祸了。

워 촹 훠러

상황이 잘 기억나지 않습니다.

jì bù qīng dāng shí de qíng kuàng le

记不清当时的情况了。

지뿌칭 땅쓰더 칭쾅러

보험을 들었습니까?

yǒu bǎo xiǎn ma

有保险吗?

유 빠오샌 마?

제 책임이 아닙니다.

bù shì wǒ de zé rèn
不是我的责任。
부우쓰 워더 저어런

저야말로 피해자입니다!

wǒ cái shì shòu hài zhě ne
我才是受害者呢。
워차이 쓰 써우 하이 저 너

신호를 무시했습니다.

chuǎng hóng dēng le
闯红灯了。
촹 훙땡러

속도위반입니다.

shì chāo sù
是超速。
쓰 초우 쑤우

도로표지판의 뜻을 몰랐습니다.

méi kàn dǒng dào lù zhǐ shì pái
没看懂道路指示牌。
메이 칸둥 따오루 즈쓰파이

렌터카 회사로 연락해 주십시오.

bāng wǒ lián xì yī xià zū chē gōng sī
帮我联系一下租车公司。
빵워 랜씨이쌰 주처꿍스

사고증명서를 써 주십시오.

xiě yī xià shì gù zhèng míng shū
写一下事故证明书。
셰이쌰 쓰구 쩡밍쑤

unit 5

병원에서 대처하기

병원으로 데리고 가 주시겠어요?

néng sòng wǒ dào yī yuàn ma

能送我到医院吗？

넝쏭워 따오 이왠마?

의사에게 진찰을 받고 싶은데요.

xiǎng ràng dài fū kàn bìng

想让大夫看病。

샹랑 따이푸 칸빙

의사를 불러 주세요.

qǐng jiào dài fū

请叫大夫。

칭 쨔오 따이푸

진료 예약을 하고 싶은데요.

xiǎng yù yuē, kàn bìng
想预约，看病。

샹 위웨, 칸빙

한국어를 아는 의사는 있나요?

yǒu méi yǒu dǒng hán yǔ de yī shēng
有没有懂韩语的医生？

유메이유 둥 한위더 이썽?

몸이 안 좋습니다.

shēn tǐ bù shū fu
身体不舒服。

썬티 뿌수푸

아이 상태가 이상합니다.

hái zǐ de zhuàng kuàng yì cháng
孩子的状况异常。

하이즈더 쫭쾅 이창

현기증이 납니다.

tóu yūn
头晕。

터우 윈

몸이 나른합니다.

shēn tǐ wú lì
身体无力。

썬티 우리

식욕이 없습니다.

méi yǒu shí yù
没有食欲。

메이유 스위

감기에 걸렸습니다.

dé le gǎn mào
得了感冒。

더러 깐마오

설사가 심합니다.

yán zhòng lā dù zi
严重拉肚子。

앤쭝 라 뚜즈

열이 있습니다.

fā shāo
发烧。

파 싸오

여기가 아픕니다.

zhè er téng
这儿疼。

쩌얼텅

구토를 합니다.

ǒu tù
呕吐。

오우투

기침이 납니다.

ké sòu
咳嗽。

커서우

다쳤습니다.

wǒ shòu shāng le
我受伤了。

워 써우쌍러

언제부터 그랬습니까?

shén me shí hou fā bìng de
什么时候发病的？

썬머 쓰허우 파삥더?

어제부터입니다.

cóng zuó tiān kāi shǐ de
从昨天开始的。

충 쭤톈 카이쓰더

진단서를 써 주시겠어요?

néng gěi wǒ kāi zhěn duàn shū ma
能给我开诊断书吗？

넝 게이워카이 쩐똰쑤마?

예정대로 여행을 해도 괜찮겠습니까?

àn yù dìng lǚ xíng kě yǐ ma
按预定旅行可以吗？

안 위띵 뤼싱 커이마?

며칠 정도 안정이 필요합니까?

wǒ xū yào tǎng zài chuáng shàng xiū xi duō cháng shí jiān
我需要躺在床上休息多长时间？

워 쉬야오 탕짜이 촹쌍 슈시 둬창 쓰잰?

(약국에서) 이 처방전 약을 주세요.

qǐng gěi wǒ zhè ge yào fāng de yào
请给我这个药方的药。

칭 게이워 쩌거 야오팡더 야오

병원의 종류

● 1급 병원 : 일정구역 안에서 예방, 의료, 보건, 회복 서비스를 하는 기본 병원, 보건소

● 2급 병원 : 종합성 의료 위생 서비스와 과학 연구의 임무를 가지고 있는 병원

● 3급 병원 : 수준 높고 전문적인 의료 위생 서비스를 제공하며 대학교와 과학연구를 겸함

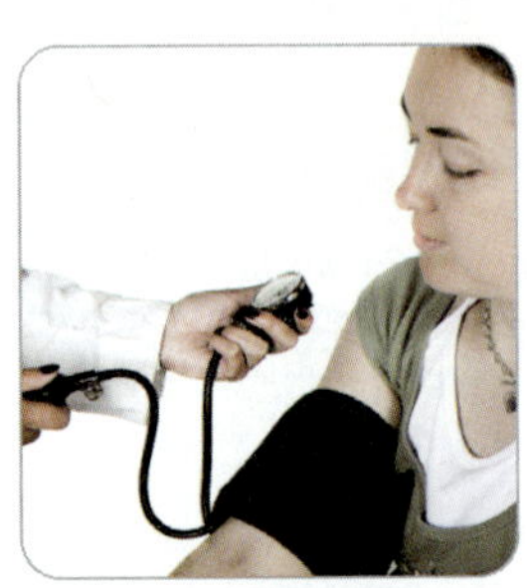

진료방법

❶ 중국은 선지불 방식으로 진료 받을 번호표와 진찰 노트(우리나라와 달리 진료 기록을 준다)를 구입한다.

❷ 진찰실에서 간호사에게 번호표를 주고 순서를 기다린다.

❸ 의사에게 검진을 받고 필요 시 검사 받을 항목을 건네받는다(피검사, 엑스레이 등).

❹ 인쇄된 검사항목을 납부처에 납부한다.

❺ 영수증을 제출하고 알맞은 검사를 받는다(엑스레이의 경우 약 40분 소요).

❻ 검사 결과를 가지고 의사에게 진료를 받는다.

⑦ 검사 결과를 토대로 약을 처방 받거나 의사의 처치에 따른다.

⑧ 의사에게 받은 약 처방전을 납부하고 약을 받는다.

입원할 경우

- 입원 시 보증금(야진)이 있는데 외국인의 경우 더 많은 비용을 예치해야 한다.
- 원활한 소통을 위해 현지인 또는 통역을 도와주실 분이 있으면 좋다.
- 병원 소모품(환자복, 침대시트, 붕대, 소독약 등)을 직접 구입해야 하는 경우가 있다.
- 외국인이므로 의료보험이 적용되지 않아 병원비가 비싸다.
- 편의 시설이 부족하고 혼잡한 경우가 있다.
- 한자와 보호자의 식사를 개인이 준비해야 하는데 급식차량에서 구입한다.

※ 병원 시설에 따라 사정은 다르다. 일부 종합 병원의 경우 외국인을 위한 전문 병동이 비치되어 있고 한국인 의사가 상주하는 곳도 있다. 단, 매우 비싼 것이 단점이지만 서비스가 좋고 깨끗한 것이 장점이다.

※ 여행자보험이나 유학생보험에 가입되어 있는 경우 의사진단서 및 영수증을 잘 챙겨두어 귀국 후 보험사에 청구한다.

교통사고 발생 시

❶ 110에 신고한다.(경찰을 부르는 응급 전화번호)

❷ 현장보호

사고 차량을 움직였다는 것만으로 100%의 과실로 인정받을 수도 있기 때문에 사고차량을 움직이지 말고 경찰이 올 때까지 기다리도록 한다.(타이어 4개 위치 표시)

❸ 사고책임판정

중국 교통사고에서 가장 중요한 것은 경찰이 도착 당시 사고 현장의 모습이다. 공안이 사고 현장을 파악, 간략한 현장도를 그리고 사고 책임을 확정, 사인이 끝나면 기정사실이 되는 것이므로 신중하게 한다.

※ 언어가 잘 통하지 않는 단점이 있으므로 현장 보존에 특히 신경 쓴다.
※ 경찰이 제시한 사고 합의서에 사인할 때 이의가 있을 경우 사인을 하지 않아도 된다.

❹ 보험회사 신고

사고 발생 후 48시간 이내에 보험사에 신고를 해야 보험처리를 받을 수 있다.

❺ 정비소 손해비용 산정

보험사에서 파손상태를 확인하고 손해비용을 산정, 정비소에 의뢰한다. 2대 이상 차량 사고 시에는 차량손상확인센터를 찾아 사고 차량 사진 촬영 후 정비소에 의뢰한다.

❻ 보상금액 확인 및 확정

⑦ 차량수리

차량 수리비용은 차량주가 먼저 결제 후 관련 영수증과 수리 내역을 보험사에 제출하여 보험금을 돌려받는다.

⑧ 보험청구

운전면허증, 차량운행증, 건강검진서, 여권, 은행계좌, 강제보험증명서, 정비소의 수리 영수증, 수리내역, 차량 손상 확인서, 교통경찰 사고 증명서 등

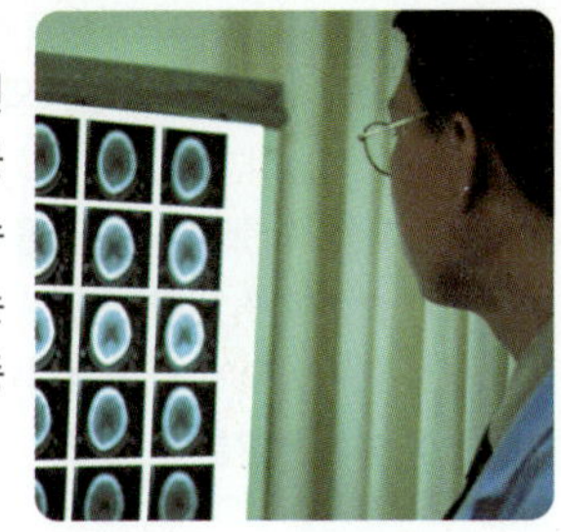

사고를 줄이는 법

- 현지인과 너무 차이나는 복장과 사치품, 고가품 등은 범행 대상이 될 수 있다.
- 현지 사징을 절 모르면시 혼자 여행히는 것은 위험하므로 현지인과 동행하는 것이 좋다.
- 눈에 튀는 행동으로 범행 대상이 되지 않는다.
- 터미널이나 유흥가 주변 등은 날치기가 많은 곳으로 머무는 시간을 최소화한다.
- 현지 법률을 위반하는 행위를 하지 않는 것이 범죄 피해를 줄이는 방법이다.
- 여행자들은 현지 실정과 지리에 약하므로 밤에 아무 곳이나 돌아다니지 않는다.
- 현지인을 무시하는 행동과 말을 삼가야한다.
- 사용 중인 스마트폰을 낚아채 뒤쫓다가 소매치기 일당들에게 폭행당한 사례도 있다.
- 가방을 열어두거나 외투의 호주머니에 물건을 넣어두지 않는다.

소매치기를 당했을 경우

- 사고가 일어난 후 소매치기를 당한 위치의 관할파출소에서 '현지 사고 증명서' 를 발급

  ※ 한국에서 구할 수 없으므로 꼭 챙긴다.

- 공안이 소매치기를 당한 날짜와 시간, 물건, 색상, 가격 등을 상세히 물어본다.
- 소매치기를 '당했다' 와 물건을 '잃어버렸다' 는 보험처리 상 문제가 발생할 수 있다.
- 보험사 홈페이지에 사고 경위와 기타 필요서류를 작성하면 금전적 보상을 받을 수 있다.

여행자 보험

- 여행자보험 가입 시 주의 깊게 봐야 할 것은 보상범위가 상품에 따라 다르기 때문이다.
- 여행사나 은행에서 무료로 제공하는 여행자보험은 도난 시 보상적용 범위도 좁고 보상금액도 낮아 추가 보험을 가입하는 것이 더 안전하다.
- 품목당 최대 보상 범위가 정해져 있는 경우 최대 200만원까지 보상이 가능해도 품목당 최대 30만원이 적용되어 있다면 노트북을 도난당했을 경우에도 30만원만 보상 받을 수 있기 때문에 상품 가입 시 주의한다.
- 교통사고, 낙상, 조난사고, 소지품 분실 등에 적용되며 사고가 났을 때 피해를 입증할 수 있는 증거를 확보하고 치료를 받았다면 진단서와 치료비 청구서 등을 챙겨둔다.
- 해당 국가의 전쟁으로 인한 피해와 전문 등반, 스쿠버다이빙으로 인한 상해는 보상에서 제외 될 수 있으므로 가입 시 약관을 잘 살펴보아야 한다.

翻译师 (fān yì shī) 판이쓰	통역사
理解 (lǐ jiě) 리이제	이해하다
意味着 (yì wèi zhe) 이워이저	의미하다
问题 (wèn tí) 원티	문제
麻烦的问题 (má fan de wèn tí) 마판더 원티	골칫거리
弄伤了 (nòng shāng le) 눙쌍러	다치게하다
失物招领处 (shī wù zhāo lǐng chù) 쓰우 짜오링추	분실물 취급소
警察局 (jǐng chá jú) 칭차쥐	경찰서
事故 (shì gù) 쓰꾸우	사고
急救车 (jí jiù chē) 지이쮸처	구급차
受伤了 (shòu shāng le) 써 우쌍러	부상을 입다
医院 (yī yuàn) 이왠	병원
入保险 (rù bǎo xiǎn) 루뿨우샌	보험들다
公司 (gōng sī) 꿍쓰	회사
受害者 (shòu hài zhě) 써우 하이저	피해자

PART 09

回国

귀국

항공편 예약과 재확인

내일 비행기는 예약이 됩니까?

néng yù yuē míng tiān de jī piào ma

能预约明天的机票吗?

넝 위웨 밍탠더 지퍄오마?

인천행을 예약하고 싶은데요.

xiǎng yù yuē dào rén chuān de háng bān

想预约到仁川的航班。

샹 위웨따오 런촨더 항빠안

편명과 출발 시간을 알려 주시겠어요?

néng gào sù wǒ háng bān hé chū fā shí jiān ma

能告诉我航班和出发时间吗?

넝 까오쑤워 항빤허 추우파쓰잰마?

다른 비행기는 없습니까?

méi yǒu bié de fēi jī ma
没有别的飞机吗？

메이유 볘더 페이지마?

몇 시까지 탑승수속을 하면 됩니까?

dēng jī shǒu xù yào zài jǐ diǎn zhī qián zuò wán
登机手续要在几点之前做完？

떵지 써우쉬 요우 짜이 지댄 즈챈 쭤완?

예약을 재확인하고 싶은데요.

xiǎng zài què rèn yī xià yù yuē nèi róng
想再确认一下预约内容。

샹짜이 쮀런이쌰 위웨네이룽

성함과 편명을 말씀하십시오.

qǐng shuō xìng míng hé háng bān míng
请说姓名和航班名。

칭숴 씽밍허 항빤밍

무슨 편 몇 시발입니까?

shén me háng bān jǐ diǎn zhōng
什么航班几点钟？

썬머항빤 지댄쭝?

한국에서 예약했는데요.

zài hán guó yù yuē de
在韩国预约的。

짜이 한궈 위웨더

즉시 확인해 주십시오.

qǐng mǎ shàng què rèn yī xià
请马上确认一下。

칭 마쌍 췌런이쌰

비행편을 변경할 수 있습니까?

néng gǎi háng bān ma
能改航班吗?

넝 까이 항빤마?

10월 9일로 변경하고 싶습니다.

xiǎng gǎi chéng shí yuè jiǔ hào
想改成十月九号。

샹 까이 청스웨쥬하오

예약을 취소하고 싶은데요.

xiǎng qǔ xiāo yù yuē
想取销预约。

샹 취샤오 위웨

다른 항공사 비행기를 확인해 주세요.

chá yī xià bié de háng kōng gōng sī de fēi jī

查一下别的航空公司的飞机。

차 이쌰 볘더 항쿵꿍스더 페이지

해약 대기로 부탁할 수 있습니까?

kě yǐ děng dài chè xiāo ma

可以等待撤销吗?

커이 떵따이 처어쌰오마?

늦지 않게 공항가기

리무진 정류소는 어디에 있습니까?

mín háng bān chē zhàn zài nǎ r

民航班车站在哪儿?

민항 빤처짠 짜이나얼?

공항까지 어느 정도 걸립니까?

qù jī chǎng yào duō cháng shí jiān

去机场要多长时间?

취 지창 요우 뒤창쓰잰?

공항까지 대략 얼마 나옵니까?

dào jī chǎng dà gài chū lái duō shǎo qián

到机场大概出来多少钱?

따오 지창 따아까이추우라이 뒤싸오챈?

수도국제공항으로 가 주세요.

wǒ yào qù shǒu dū guó jì jī chǎng
我要去首都国际机场。

워 야오취 써우뚜 궈찌지창

시간이 없습니다. 좀 빨리 가주실 수 있나요?

wǒ gǎn shí jiān, néng kuài diǎn ma
我赶时间，能快点吗？

워 깐쓰잰, 넝콰이댄마?

빨리 가 주세요. 지금 늦었습니다.

qǐng zài kuài diǎn, yào chí dào le
请再快点，要迟到了。

칭 짜이 콰이댄, 요우츠 따오러

중요한 것을 두고 왔습니다.

bǎ zhòng yào dōng xī là xià le
把重要东西落下了。

빠 쭝요우 뚱시 라쌰러

기사님, 호텔로 돌아가 주십시오.

sī jī xiān shēng, qǐng huí jiǔ diàn ba
司机先生，请回酒店吧。

쓰지쌘성, 칭 후이 쥬땐바

비행기 탑승하기

탑승수속은 어디서 합니까?

dēng jī shǒu xù yào zài nǎ li bàn

登机手续要在哪里办?

떵지 써우쉬 야오짜이 나리빤?

OO항공 카운터는 어디입니까?

o o háng kōng guì tái zài nǎ li

OO航空柜台在哪里?

○○ 항쿵 꾸이타이 짜이 나아리?

공항세는 있습니까?

yǒu háng kōng shuì ma

有航空税吗?

유 항쿵 쑤이마?

통로쪽(창쪽)으로 부탁합니다.

yào tōng dào(chuāng hu) biān de zuò wèi
要通道(窗户)边的座位。

요우 퉁따오 (창후) 삔더쮜워이

친구와 같은 좌석으로 주세요.

yào gēn péng yǒu yī yàng de zuò wèi
要跟朋友一样的座位。

요우 껀 펑유이양더 쭤워이

맡기실 짐은 있으십니까?

yǒu yào tuō yùn de xíng li ma
有要托运的行李吗?

유 야오 둬윈더 씽리마?

맡길 짐은 없습니다.

wǒ méi yǒu yào cún de bāo
我没有要存的包。

워 메이유 야오춘더 빠오

그 가방은 맡기시겠습니까?

nà ge bāo yào tuō yùn ma
那个包要托运吗?

나거빠오 야오 퉈윈마?

이 가방은 기내로 가지고 들어갑니다.
zhè ge bāo dài dào jī cāng nèi
这个包带到机舱内。
쩌거빠오 따이또우 지창네이

다른 맡기실 짐은 없습니까?
hái yǒu yào tuō yùn de xíng li ma
还有要托运的行李吗?
하이유야오 튀윈더 싱리마?

(탑승권을 보이며) 게이트는 몇 번입니까?
dēng jī kǒu shì duō shǎo hào
登机口是多少号?
떵지커우 쓰 뒤싸오 하오?

3번 게이트는 어느 쪽입니까?
sān hào dēng jī kǒu zài nǎ biān
三号登机口在哪边?
싼하오 떵지커우 짜이 나뺀?

인천행 탑승 게이트는 여기입니까?
dào rén chuān de dēng jī kǒu shì zhè er ma
到仁川的登机口是这儿吗?
따오 런촨더 떵지커우 쓰 쩌얼마?

탑승은 시작되었습니까?

kāi shǐ dēng jī le ma
开始登机了吗?

카이쓰 떵지러마?

탑승권을 보여 주십시오.

qǐng chū shì dēng jī pái
请出示登机牌。

칭 추우쓰 떵지파이

방금 인천행 비행기를 놓쳤는데요.

gāng gāng wù le rén chuān xíng fēi jī
刚刚误了仁川行飞机。

깡깡 우러런촨싱 페이시

입국카드 작성법을 잘 모르겠습니다.

bù zhī dào zěn me tián rù jìng shēn qǐng shū
不知道怎么填入境申请书。

뿌우쯔따오 쩐머탠 루우찡 썬칭쑤우

항공권 재확인

출발 72시간 전까지 예약을 재확인해 둔다. 일정을 변경하고 싶은 경우에도 출국일 72시간 전에 항공사에 연락해 예약을 취소하고 원하는 날짜의 항공권을 예약한다.

수하물 정리

여행을 마치고 출국 할 때는 짐이 늘어나기 마련인데 짐을 쌀 때 필요 없는 물건은 과감히 버려 탑승허용량을 초과하지 않도록 한다. 항공사별로 무게 제한 사항을 알아두면 편리하고 항공사에 따라 추가 비용을 요구하는 경우도 있다.

출국수속

공항에는 출국시간 2시간 전에 도착하는 것이 좋다. 출국신고는 자신이 이용할 항공사 카운터에 항공권과 여권, 그리고 입국할 때 적었던 출입국신고서를 제시하고 부칠 짐이 있으면 무게를

단 후에 꼬리표를 받아 잘 보관한다.

세관

현지통화의 반입액 이상의 반출은 금지되어 있다. 입국시의 소지금 신고와 출국시의 소지금을 검사하는 경우도 있으므로 주의할 것.

보안검색

주머니를 비운 후 휴대하고 있는 짐을 컨베이어에 올리고 금속탐지기를 통과한다. 기내에는 날카로운 물건과 액체류, 젤류는 물론 화장품도 100ml가 초과되면 반입할 수 없다. 만약 보안요원이 가방검사를 요청하면 순순히 응하는 것이 번거로움을 피하는 것이다.

탑승구 대기

탑승은 출발 20~30분 전에 시작되므로 출국수속이 끝나고 탑승권을 받으면 게이트를 미리 알아두고 늦어도 출발 10분 전에 탑승 게이트에 도착해야 한다.

탑승

비행기에 탑승한 후 짐을 앞좌석 아래에 있는 공간에 넣고 이륙을 기다린다. 운이 좋은 경우 자신이 탈 비행기의 비즈니스클래스에 빈자리가 있으면 체크인할 때 업그레이드를 해 주는 경우도 있다.

기본으로
알아두면 편리한
중단어

零 (líng) 링	영, 0
一 (yī) 이	일, 1
二 (èr) 얼	이, 2
三 (sān) 싼	삼, 3
四 (sì) 쓰	사, 4
五 (wǔ) 우	오, 5
六 (liù) 류	육, 6
七 (qī) 치	칠, 7
八 (bā) 빠	팔, 8
九 (jiǔ) 쥬	구, 9
十 (shí) 쓰	십, 10
二十 (èrshí) 얼쓰	이십, 20
三十 (sānshí) 산쓰	삼십, 30
四十 (sìshí) 쓰쓰	사십, 40
五十 (wǔshí) 우쓰	오십, 50
六十 (liùshí) 류쓰	육십, 60
七十 (qīshí) 치쓰	칠십, 70
八十 (bāshí) 빠쓰	팔십, 80
九十 (jiǔshí) 쥬쓰	구십, 90

百 (bǎi) 빠이	백, 100
二百 (èrbǎi) 얼바이	이백, 200
三百 (sānbǎi) 싼바이	삼백, 300
四百 (sìbǎi) 쓰바이	사백, 400
五百 (wǔbǎi) 우바이	오백, 500
六百 (liùbǎi) 류바이	육백, 600
七百 (qībǎi) 치바이	칠백, 700
八百 (bābǎi) 빠바이	팔백, 800
九百 (jiǔbǎi) 쥬바이	구백, 900
一千 (yīqiān) 이챈	천, 1,000
二千 (èrqiān) 얼챈	이천, 2,000
三千 (sānqiān) 싼챈	삼천, 3,000
四千 (sìqiān) 쓰챈	사천, 4,000
五千 (wǔqiān) 우챈	오천 5,000
六千 (liùqiān) 류챈	육천, 6,000
七千 (qīqiān) 치챈	칠천, 7,000
八千 (bāqiān) 빠챈	팔천, 8,000
九千 (jiǔqiān) 쥬챈	구천, 9,000
一万 (yīwàn) 이완	만, 10,000
二万 (èrwàn) 얼완	이만, 20,000

三万 (sānwàn) 싼완	삼만, 30,000
四万 (sìwàn) 쓰완	사만, 40,000
五万 (wǔwàn) 우완	오만, 50,000
六万 (liùwàn) 류완	육만, 60,000
七万 (qīwàn) 치완	칠만, 70,000
八万 (bāwàn) 빠완	팔만, 80,000
九万 (jiǔwàn) 쮸완	구만, 90,000
十万 (shíwàn) 쓰완	십만, 100,000
百万 (bǎiwàn) 빠이완	백만, 1,000,000
千万 (qiānwàn) 챈완	천만, 10,000,000
亿 (yì) 이	억
十亿 (shíyì) 쓰이	십억
百亿 (bǎiyì) 빠이이	백억

시간

一点 (yīdiǎn) 이댄	1시
二点 (èrdiǎn) 얼댄	2시
三点 (sāndiǎn) 싼댄	3시
四点 (sìdiǎn) 쓰댄	4시
五点 (wǔdiǎn) 우댄	5시

六点 (liùdiǎn) 류댄	6시
七点 (qīdiǎn) 치댄	7시
八点 (bādiǎn) 빠댄	8시
几点 (jǐdiǎn) 지댄	몇 시
~ 分 (fēn) 펀	~분
几分 (jǐfēn) 지펀	몇 분
~ 秒 (miǎo) 먀오	~초
几秒 (jǐmiǎo) 지먀오	몇 초

일과 요일

一日/号 (yīrì / hào) 이르/하오	1일
二日/号 (èrrì / hào) 얼르/하오	2일
三日/号 (sānrì / hào) 싼르/하오	3일
四日/号 (sìrì / hào) 쓰르/하오	4일
五日/号 (wǔrì / hào) 우르/하오	5일
六日/号 (liùrì / hào) 류르/하오	6일
七日/号 (qīrì / hào) 치르/하오	7일
八日/号 (bārì / hào) 빠르/하오	8일
九日/号 (jiǔrì / hào) 쥬르/하오	9일
十日/号 (shírì / hào) 쓰르/하오	10일

十一日/号 (shíyīrì / hào) 쓰이르/하오	11일
二十日/号 (èrshírì / hào) 얼쓰르/하오	20일
二十一日/号 (èrshíyīrì / hào) 얼쓰이르/하오	21일
三十日/号 (sānshírì / hào) 싼쓰르/하오	30일
三十一日/号 (sānshíyīrì / hào) 싼쓰이르/하오	31일
几号 (jǐhào) 지하오	며칠
半天 (bàntiān) 빤탠	반나절
星期一 (xīngqīyī) 씽치이	월요일
星期二 (xīngqīèr) 씽치얼	화요일
星期三 (xīngqīsān) 씽치싼	수요일
星期四 (xīngqīsì) 씽치쓰	목요일
星期五 (xīngqīwǔ) 씽치우	금요일
星期六 (xīngqīliù) 씽치류	토요일
星期日 (xīngqīrì) 씽치르	일요일
星期几 (xīngqījǐ) 씽치지	무슨 요일

월

一月 (yīyuè) 이위에	1월
二月 (èryuè) 얼위에	2월
三月 (sānyuè) 싼위에	3월

四月 (sìyuè) 쓰위에	4월
五月 (wǔyuè) 우위에	5월
六月 (liùyuè) 류위에	6월
七月 (qīyuè) 치위에	7월
八月 (bāyuè) 빠위에	8월
九月 (jiǔyuè) 지우 위에	9월
十月 (shíyuè) 쓰위에	10월
十一月 (shíyīyuè) 쓰이위에	11월
十二月 (shíèryuè) 쓰얼위에	12월
几月 (jǐyuè) 지위에	몇 월

때

时间 (shíjiān) 쓰잰	시간
时候 (shíhòu) 쓰허우	때, 시
时刻 (shíkè) 쓰커	시각
现在 (xiànzài) 쌘짜이	현재, 지금
过去 (guòqù) 꿔취	과거
未来 (wèilái) 워이라이	미래
以前 (yǐqián) 이챈	이전
以后 (yǐhòu) 이허우	이후, 그후

最近 (zuìjìn) 쭈이진	최근, 요즘
最初 (zuìchū) 쭈이추	최초, 처음
最后 (zuìhòu) 쭈이허우	최후, 마지막
世纪 (shìjì) 쓰지	세기
年 (nián) 낸	연, 해
前年 (qiánnián) 챈낸	재작년
去年 (qùnián) 취낸	작년
今年 (jīnnián) 진낸	금년, 올해
明年 (míngnián) 밍낸	내년, 명년
后年 (hòunián) 허우낸	내후년
每年 (měinián) 메이낸	매년
新年 (xīnnián) 씬낸	신년, 새해
月 (yuè) 위에	월, 달
上个月 (shànggèyuè) 쌍거위에	지난달
这个月 (zhègèyuè) 쩌거위에	이번달
下个月 (xiàgèyuè) 쌰거위에	다음달
每月 (měiyuè) 메이위에	매달, 매월
星期 (xīngqī) 씽치	주, 주간
周末 (zhōumò) 쩌우머	주말
上个星期 (shànggexīngqī) 쌍거씽치	지난주

这个星期 (zhègexīngqī) 쩌거씽치	이번주
下个星期 (xiàgèxīngqī) 쌰거씽치	다음주
每星期 (měixīngqī) 메이씽치	매주
日 (rì) 르	일
日子 (rìzi) 르쯔	날, 날짜
前天 (qiántiān) 챈탠	그제
昨天 (zuótiān) 쮀탠	어제
今天 (jīntiān) 진탠	오늘
明天 (míngtiān) 밍탠	내일
后天 (hòutiān) 허우탠	모레
天天 (tiāntiān) 탠탠	매일
每天 (měitiān) 메이탠	매일
第二天 (dìèrtiān) 띠얼탠	다음날
整天 (zhěngtiān) 쩡탠	온종일
半天 (bàntiān) 빤탠	반나절
天亮 (tiānliàng) 탠량	새벽
早上 (zǎoshàng) 짜오쌍	아침
白天 (báitiān) 빠이탠	낮
上午 (shàngwǔ) 쌍우	오전
中午 (zhōngwǔ) 쭝우	정오

下午 (xiàwǔ) 쌰우	오후
晚上 (wǎnshàng) 완쌍	저녁
夜 (yè) 예	밤
半夜 (bànyè) 빤예	한밤중

지시 · 인칭대명사

这个 (zhège) 쩌거	이것, 그것
那个 (nàge) 나거	저것
哪个 (nǎge) 나거	어느 것
这里 (zhèlǐ) 쩌리	여기
那里 (nàli) 나리	저기, 거기
哪里 (nǎli) 나리	어디
这边 (zhèbiān) 쩌뺀	이쪽
那边 (nàbiān) 나뺀	저쪽, 그쪽
哪边 (nǎbiān) 나뺀	어느 쪽
我 (wǒ) 워	나
我们 (wǒmen) 워먼	우리들
你 (nǐ) 니	당신
您 (nín) 닌	당신(존경)
你们 (nǐmen) 니먼	당신들

先生 (xiānshēng) 쌘성	씨(존경의 의미)
小姐 (xiǎojiě) 샤오제	양
他 (tā) 타	그, 그이
她 (tā) 타	그녀
别人 (biérén) 볘런	다른 사람
什么时候 (shénmeshíhòu) 썬머쓰허우	언제
什么地方 (shénmedìfāng) 썬머디팡	어디
谁 (shéi) 쎄이	누구
什么 (shénme) 썬머	무엇
为什么 (wèishénme) 워이썬머	왜
怎么 (zěnme) 쩐머	어떻게
怎么样 (zěnmeyàng) 쩐머양	이떻게

위치와 방향

上 (shàng) 상	위
中 (zhōng) 쭝	가운데
下 (xià) 쌰	아래
左边 (zuǒbiān) 쭤밴	왼쪽
右边 (yòubiān) 유밴	오른쪽
左右 (zuǒyòu) 쭤유	좌우

东边 (dōngbiān) 뚱뺀	동쪽
西边 (xībiān) 시뺀	서쪽
南边 (nánbiān) 난뺀	남쪽
北边 (běibiān) 뻬이뺀	북쪽
前边 (qiánbiān) 챈뺀	앞
后边 (hòubiān) 허우뺀	뒤
旁边 (pángbiān) 팡뺀	옆, 가로

男人 (nánrén) 난런	남자
女人 (nǚrén) 뉘런	여자
婴儿 (yīng'ér) 잉얼	아기
小孩子 (xiǎoháizi) 샤오하이즈	어린이
大人 (dàrén) 따런	어른
成人 (chéngrén) 청런	성인
少年 (shàonián) 싸오낸	소년
少女 (shàonǚ) 싸오뉘	소녀
儿子 (érzi) 얼즈	아들
女儿 (nǚ'ér) 뉘얼	딸
兄弟 (xiōngdì) 쓩띠	형제

哥哥 (gēge) 거거	형, 오빠
弟弟 (dìdi) 띠디	남동생
姐妹 (jiěmèi) 졔메이	자매
姐姐 (jiějie) 졔졔	누나, 언니
妹妹 (mèimei) 메이메이	여동생
父亲 (fùqīn) 푸친	아버지
爸爸 (bàbba) 빠바	아빠
母亲 (mǔqīn) 무친	어머니
妈妈 (māma) 마마	엄마
丈夫 (zhàngfu) 쨩푸	남편
妻子 (qīzi) 치즈	아내
祖父 (zǔfù) 주푸	힐아버지
祖母 (zǔmǔ) 주무	할머니
公公 (gōnggong) 꿍궁	시아버지
婆婆 (pópo) 퍼퍼	시어머니
岳父 (yuèfù) 위에푸	장인
岳母 (yuèmǔ) 위에무	장모
女婿 (nǔxù) 뉘쉬	사위
媳妇 (xífù) 씨푸	며느리
孙子 (sūnzi) 쑨즈	손자

孙女 (sūnnǚ) 쑨뉘	손녀
夫妻 (fūqī) 푸치	부부
自己 (zìjǐ) 즈지	자기
人 (rén) 런	사람
朋友 (péngyǒu) 펑유	친구
韩国人 (hánguórén) 한궈런	한국인
中国人 (zhōngguórén) 쭝궈런	중국인
日本人 (rìběnrén) 르뻰런	일본인

신체

身体 (shēntǐ) 썬티	몸
头 (tóu) 터우	머리
额头 (étóu) 어터우	이마
眉毛 (méimao) 메이마오	눈썹
眼睛 (yǎnjing) 앤징	눈
鼻子 (bízi) 비즈	코
耳朵 (ěrduo) 얼둬	귀
嘴 (zuǐ) 쭈이	입
脖子 (bózi) 버즈	목
喉咙 (hóulóng) 허우롱	목구멍

肚子 (dùzi) 뚜즈	배
肚脐 (dùqí) 뚜치	배꼽
下腹部 (xiàfùbù) 쌰푸부	아랫배
腰 (yāo) 야오	허리
肩膀 (jiānbǎng) 지앤방	어깨
肘 (zhǒu) 쩌우	팔꿈치
手腕 (shǒuwàn) 써우완	손목
手指 (shǒuzhǐ) 써우즈	손가락
手 (shǒu) 써우	손
脚 (jiǎo) 쟈오	발
膝盖 (xīgài) 시까이	무릎
臀部 (túnbù) 툰부	엉덩이
大腿上部 (dàtuǐshàngbù) 따투이쌍부	허벅다리
脚腕 (jiǎowàn) 쟈오완	발목
脚尖 (jiǎojiān) 쟈오잰	발끝
身材 (shēncái) 썬차이	몸매

기본형용사

| 白 (bái) 빠이 | 하얗다 |
| 黑 (hēi) 헤이 | 까맣다 |

红 (hóng) 홍	빨갛다
蓝 (lán) 란	파랗다
绿 (lǜ) 뤼	초록
大 (dà) 따	크다
小 (xiǎo) 샤오	작다
多 (duō) 둬	많다
少 (shǎo) 싸오	적다
长 (cháng) 창	길다
短 (duǎn) 돤	짧다
粗 (cū) 추	굵다
细 (xì) 씨	가늘다
厚 (hòu) 허우	두텁다
薄 (báo) 빠오	얇다
重 (zhòng) 쭝	무겁다
轻 (qīng) 칭	가볍다
硬 (yìng) 잉	딱딱하다
软 (ruǎn) 롼	부드럽다
好 (hǎo) 하오	좋다
坏 (huài) 화이	나쁘다
新 (xīn) 씬	새롭다

旧 (jiù) 쮸	오래되다
高 (gāo) 까오	높다
低 (dī) 띠	낮다
贵 (guì) 꾸이	비싸다
便宜 (piányi) 팬이	싸다
明亮 (míngliàng) 밍량	밝다
阴暗 (yīn'àn) 인안	어둡다
快 (kuài) 콰이	빠르다
早 (zǎo) 짜오	이르다
慢 (màn) 만	느리다
容易 (róngyì) 룽이	쉽다
难 (nan) 난	어렵나
安静 (ānjìng) 안징	조용하다
嘈杂 (cáozá) 차오짜	시끄럽다
空闲 (kōngxián) 쿵샌	한가하다
忙 (máng) 망	바쁘다
热 (rè) 러	덥다
冷 (lěng) 렁	춥다
愉快 (yúkuài) 위콰이	즐겁다
悲伤 (bēishāng) 뻬이쌍	슬프다

干净 (gānjìng) 깐징	깨끗하다
肮脏 (āngzāng) 앙짱	더럽다
复杂 (fùzá) 푸짜	복잡하다
简单 (jiǎndān) 잰딴	간단하다
方便 (fāngbiàn) 팡뺀	편리하다
胖 (pàng) 팡	뚱뚱하다
瘦 (shòu) 써우	여위다
老 (lǎo) 라오	늙다
年轻 (niánqīng) 낸칭	젊다
浓 (nóng) 눙	짙다, 진하다

성격

性格 (xìnggé) 씽거	성격
温柔 (wēnróu) 원러우	온유하다
热情 (rèqíng) 러칭	친절하다
直爽 (zhíshuǎng) 즈쌩	정직하다
优秀 (yōuxiù) 유씨우	우수하다
聪明 (cōngmíng) 충밍	총명하다
机灵 (jīlíng) 지링	영리하다
认真 (rènzhēn) 런쩐	착실하다, 진지하다

快活 (kuàihuó) 콰이후어	쾌활하다
积极 (jījí) 지지	적극적이다
冷淡 (lěngdàn) 렁딴	냉담하다
懒惰 (lǎnduò) 란뛰	나태하다
迟钝 (chídùn) 츠뛴	둔하다
狂妄 (kuángwàng) 쾅왕	방자하다
任性 (rènxìng) 런씽	제멋대로이다
性急 (xìngjí) 씽지	(성미) 급하다
大方 (dàfang) 따팡	대범하다
小气 (xiǎoqì) 샤오치	째째하다
狡猾 (jiǎohuá) 쟈오화	교활하다
快乐 (kuàilè) 콰이러	기쁘다, 유쾌하다
高兴 (gāoxìng) 까오씽	즐겁다
喜欢 (xǐhuan) 시환	좋아하다
愉快 (yúkuài) 위콰이	유쾌하다
痛快 (tòngkuài) 퉁콰이	통쾌하다, 후련하다
舒服 (shūfu) 쑤푸	쾌적하다

감정

难过 (nánguò) 난꿔	괴롭다, 슬프다

伤心 (shāngxīn) 쌍신	슬퍼하다, 상심하다
烦躁 (fánzào) 판짜오	초조하다
悲哀 (bēi'āi) 뻬이아이	비애, 슬픔
痛苦 (tòngkǔ) 퉁쿠	고통스럽다
悲伤 (bēishāng) 뻬이상	슬프고 마음이 쓰리다
着急 (zháojí) 짜오지	조급해하다
生气 (shēngqì) 썽치	화나다
发愁 (fāchóu) 파처우	근심하다, 우려하다
失望 (shīwàng) 스왕	실망하다
害怕 (hàipà) 하이파	두려워하다, 무서워하다
恐惧 (kǒngjù) 쿵쥐	겁먹다
后悔 (hòuhuǐ) 허우후이	후회하다
讨厌 (tǎoyàn) 타오앤	싫어하다, 혐오하다
有趣 (yǒuqù) 유취	재미있다
没趣 (méiqù) 메이취	재미없다
苦 (kǔ) 쿠	고되다, 괴롭다
辛苦 (xīnkǔ) 씬쿠	고생하다
幸福 (xìngfú) 씽푸	행복하다
满足 (mǎnzú) 만주	만족하다
惊奇 (jīngqí) 징치	경이롭게 여기다, 이상히 여기다

兴奋 (xìngfèn) 씽펀	흥분하다
紧张 (jǐnzhāng) 진장	긴장하다
慌张 (huāngzhāng) 황장	당황하다, 허둥대다
忍耐 (rěnnài) 런나이	인내하다, 참다
期望 (qīwàng) 치왕	기대하다

기본동사

去 (qù) 취	가다
来 (lái) 라이	오다
坐 (zuò) 쮜	앉다
站 (zhàn) 잔	서다
看 (kàn) 칸	보다
听 (tīng) 팅	듣다
吃 (chī) 츠	먹다
喝 (hē) 허	마시다
洗 (xǐ) 씨	씻다
笑 (xiào) 샤오	웃다
哭 (kū) 쿠	울다
说 (shuō) 쉬	말하다
做 (zuò) 쮜	하다, 만들다

拉 (lā) 라	당기다, 끌다
推 (tuī) 투이	밀다
买 (mǎi) 마이	사다
卖 (mài) 마이	팔다
穿 (chuān) 촨	입다, 신다
脱 (tuō) 퉈	벗다
躺 (tǎng) 탕	눕다
起床 (qǐchuáng) 치촹	일어나다
想 (xiǎng) 샹	생각하다
喜欢 (xǐhuān) 시환	좋아하다
拿 (ná) 나	쥐다, 잡다, 가지다
搬 (bān) 빤	옮기다
打 (dǎ) 따	치다, 때리다

기본부사

很 (hěn) 헌	매우, 잘
最 (zuì) 쭈이	가장, 제일
太 (tài) 타이	너무
更 (gèng) 껑	더욱
比较 (bǐjiào) 비쟈오	비교적

特别 (tèbié) 터볘	특별히
稍微 (shāowēi) 싸오워이	약간, 조금
差不多 (chàbuduō) 차뿌둬	거의, 대체로
大致 (dàzhì) 따즈	대체로, 대강
至少 (zhìshǎo) 즈싸오	최소한, 적어도
实在 (shízài) 스짜이	참으로, 실제로
果然 (guǒrán) 궈란	과연
还是 (háishì) 하이스	여전히, 그래도
一定 (yīdìng) 이띵	반드시, 꼭
一直 (yīzhí) 이즈	곧바로, 줄곧
大概 (dàgài) 따까이	대략, 대개
仍然 (réngrán) 렁란	여전히, 변함없이
又 (yòu) 유	또
再 (zài) 짜이	다시
还 (hái) 하이	또한
刚 (gāng) 깡	방금
刚才 (gāngcái) 깡차이	이제 막
马上 (mǎshàng) 마쌍	곧, 빨리
赶快 (gǎnkuài) 깐콰이	빨리
已经 (yǐjìng) 이징	이미, 벌써

正 (zhèng) 쩡	지금
才 (cái) 차이	바로, 곧, 비로소
先 (xiān) 쎈	먼저
然后 (ránhòu) 란허우	~한 후에
就要 (jiùyào) 쮜야오	머지않아, 곧
预先 (yùxiān) 위쎈	미리, 우선
忽然 (hūrán) 후란	갑자기
偶然 (ǒurán) 어우란	우연히
本来 (běnlái) 뻔라이	원래, 본래
常常 (chángcháng) 창창	자주, 늘
往往 (wǎngwǎng) 왕왕	왕왕
都 (dōu) 떠우	모두, 다
到处 (dàochù) 따오추	도처에
当然 (dāngrán) 땅란	당연히

생리현상

气息 (qìxī) 치씨	호흡, 숨
哈欠 (hāqiàn) 하이챈	하품
喷嚏 (pēntì) 펀티	재채기
梦话 (mènghuà) 멍화	잠꼬대

屁 (pì) 피	방귀
月经 (yuèjīng) 웨징	월경
口水 (kǒushuǐ) 커우쑤이	침, 군침
汗 (hàn) 한	땀
泪水 (lèishuǐ) 레이쑤이	눈물
鼻涕 (bítì) 비티	콧물
呼吸 (hūxī) 후씨	호흡하다, 숨쉬다
喘 (chuǎn) 촨	헐떡거리다
打嗝儿 (dǎgér) 따걸	딸꾹질하다
眨眼 (zhǎyǎn) 짜얜	눈을 깜빡거리다
出汗 (chūhàn) 추한	땀나다
发困 (fākùn) 파쿤	졸리다
打盹儿 (dǎdǔnr) 다뚠얼	졸다
尿 (niào) 냐오	소변보다
拉屎 (lāshǐ) 라쓰	대변보다
醒 (xǐng) 씽	잠에서 깨다
起床 (qǐchuáng) 치촹	일어나다
洗脸 (xǐliǎn) 시랜	세수를 하다
刷牙 (shuāyá) 쏴야	이를 닦다
吃饭 (chīfàn) 츠판	밥을 먹다

| 上班 (shàngbān) 쌍빤 | 출근하다 |
| 下班 (xiàbān) 쌰빤 | 퇴근하다 |

직업

姓名 (xìngmíng) 씽밍	성명
籍贯 (jíguàn) 지꽌	본적, 출생지
年龄 (niánlíng) 낸링	연령
住址 (zhùzhǐ) 쭈즈	주소
出身 (chūshēn) 추썬	출신
成份 (chéngfèn) 청펀	성분
工人 (gōngrén) 꿍런	노동자
农民 (nóngmín) 눙민	농민
军人 (jūnrén) 쮠런	군인
作家 (zuòjiā) 쭤쟈	작가
教师 (jiàoshī) 쟈오쓰	교사
教员 (jiàoyuán) 쟈오왠	교원
医生 (yīshēng) 이썽	의사
大夫 (dàifu) 따이푸	의사
警察 (jǐngchá) 징차	경찰
商人 (shāngrén) 쌍런	상인

公务人员 (gōngwùrényuán) 꿍우런왠	공무원
技术员 (jìshùyuán) 찌쑤왠	기술자
工程师 (gōngchéngshī) 꿍청쓰	기사
研究员 (yánjiūyuán) 앤쥬왠	연구원
售货员 (shòuhuòyuán) 써우훠왠	점원
司机 (sījī) 쓰지	운전수
同志 (tóngzhì) 퉁즈	동지
干部 (gànbù) 깐부	간부
职员 (zhíyuán) 즈왠	직원
宣传员 (xuānchuányuán) 쒠촨왠	선전원

기리와 도로

高速公路 (gāosùgōnglù) 까오쑤꿍루	고속도로
国道 (guódào) 궈따오	국도
街道 (jiēdào) 졔따오	거리
十字路口 (shízìlùkǒu) 스쯔루커우	사거리
马路 (mǎlù) 마루	대로, 큰길
小巷 (xiǎoxiàng) 샤오쌍	골목길
单行道 (dānxíngdào) 딴씽따오	일방통행로
近道 (jìndào) 진따오	지름길

人行道 (rénxíngdào) 런씽따오	인도, 보도
人行横道 (rénxínghéngdào) 런싱헝따오	횡단보도
地下道 (dìxiàdào) 띠쌰따오	지하도
隧道 (suìdào) 쑤이따오	터널
天桥 (tiānqiáo) 탠챠오	육교
红绿灯 (hónglùdēng) 홍뤼떵	신호등
红灯 (hóngdēng) 홍떵	적신호
绿灯 (lùdēng) 뤼떵	청신호
交通警察 (jiāotōngjǐngchá) 쟈오퉁징차	교통경찰
堵塞 (dǔsè) 두써	교통체증
路边 (lùbiān) 루밴	길가
车道 (chēdào) 처따오	차도
平交道 (píngjiāodào) 핑쟈오따오	건널목
车站 (chēzhàn) 처짠	정류소
出口 (chūkǒu) 추커우	출구
入口 (rùkǒu) 루커우	입구
终点 (zhōngdiǎn) 쭝댄짠	종점

电话 (diànhuà) 땐화	전화

电话机 (diànhuàjī) 땐화지	전화기
听筒 (tīngtǒng) 팅퉁	수화기
号码盘 (hàomǎpán) 하오마판	다이얼
电话簿 (diànhuàbù) 땐화부	전화번호부
公用电话 (gōngyòngdiànhuà) 꿍융땐화	공중전화
电话亭 (diànhuàtíng) 땐화팅	전화부스
电话局 (diànhuàjú) 땐화쮜	전화국
市内电话 (shìnèidiànhuà) 쓰네이땐화	시내전화
长途电话 (chángtúdiànhuà) 창투땐화	장거리전화
国际电话 (guójìdiànhuà) 궈찌땐화	국제전화
电报 (diànbào) 땐빠오	전보
占线 (zhànxiàn) 짠쌘	통화중

공공시설

博物馆 (bówùguǎn) 버우꽌	박물관
美术馆 (měishùguǎn) 메이쑤관	미술관
动物园 (dòngwùyuán) 뚱우왠	동물원
电影院 (diànyǐngyuàn) 땐잉왠	영화관
剧场 (jùchǎng) 쮜창	극장
百货公司 (bǎihuògōngsī) 빠이훠꿍쓰	백화점

饭店 (fàndiàn) 판땐	호텔
旅馆 (lǚguǎn) 뤼꽌	여관
食堂 (shítáng) 스탕	식당
西餐厅 (xīcāntīng) 시찬팅	레스토랑
公园 (gōngyuán) 꿍왠	공원
寺庙 (sìmiào) 쓰먀오	절
教堂 (jiàotáng) 쟈오탕	교회
图书馆 (túshūguǎn) 투쑤관	도서관
城 (chéng) 청	성
运动场 (yùndòngchǎng) 윈뚱창	운동장
体育馆 (tǐyùguǎn) 티위관	체육관
礼堂 (lǐtáng) 리탕	강당
游泳池 (yóuyǒngchí) 유융츠	수영장
夜总会 (yèzǒnghuì) 예쭝후이	나이트클럽
医院 (yīyuàn) 이왠	병원
大使馆 (dàshǐguǎn) 따스관	대사관
领事馆 (lǐngshìguǎn) 링스관	영사관
公厕 (gōngcè) 꿍처	공중화장실
售票口 (shòupiàokǒu) 써우퍄오커우	매표소
小卖部 (xiǎomàibù) 샤오마이뿌	매점

煮 (zhǔ) 주	삶다
炖 (dùn) 뚠	약한 불로 삶다
炒 (chǎo) 차오	볶다
爆 (bào) 빠오	강한 불로 빠르게 볶다
炸 (zhà) 짜	튀기다
烹 (pēng) 펑	삶다
煎 (jiān) 잰	지지다
烧 (shāo) 싸오	가열하다, 찜
蒸 (zhēng) 쩡	찌다
拌 (bàn) 빤	무치다
烤 (kǎo) 카오	굽다
砂锅 (shāguō) 사궈	도가니
溜 (liū) 류	양념장을 얹다

식사

早饭 (zǎofàn) 짜오판	아침밥
午饭 (wǔfàn) 우판	점심밥
晚饭 (wǎnfàn) 완판	저녁밥
点心 (diǎnxīn) 댄씬	간식

小吃 (xiǎochī) 샤오츠	스낵
菜肴 (càiyáo) 차이야오	요리, 반찬
餐 (cān) 찬	요리, 식사
点菜 (diǎncài) 댄차이	(음식을) 주문하다
夜餐 (yècān) 예찬	밤참, 야식
茶点 (chádiǎn) 차댄	다과
摊子 (tānzi) 탄쯔	노점
菜单 (càidān) 차이딴	식단, 메뉴
好吃 (hǎochī) 하오츠	맛있다
不好吃 (bùhǎochī) 뿌하오츠	맛없다
口渴 (kǒukě) 커우커	목이 마르다
香 (xiāng) 썅	향기롭다, 맛나다
甜 (tián) 탠	달다
苦 (kǔ) 쿠	쓰다
淡 (dàn) 딴	싱겁다
咸 (xián) 샌	짜다
辣 (là) 라	맵다
酸 (suān) 쏸	시다
腥 (xīng) 씽	비리다

天气 (tiānqì) 탠치	날씨
太阳 (tàiyáng) 타이양	태양
阳光 (yángguāng) 양광	햇빛
星星 (xīngxing) 씽싱	별
月亮 (yuèliang) 웨량	달
风 (fēng) 펑	바람
云 (yún) 윈	구름
露水 (lùshuǐ) 루쑤이	이슬
霜 (shuāng) 쐉	서리
雪 (xuě) 쉐에	눈
雨 (yǔ) 위	비
虹 (hóng) 홍	무지개
毛毛雨 (máomáoyǔ) 마오마오위	이슬비
雷雨 (léiyǔ) 레이위	소나기
梅雨 (méiyǔ) 메이위	장마
闪电 (shǎndiàn) 산땐	번개
雷 (léi) 레이	천둥
冰雹 (bīngbáo) 삥빠오	우박
风暴 (fēngbào) 펑빠오	폭풍

台风 (táifēng) 타이펑	태풍
洪水 (hóngshuǐ) 홍쑤이	홍수
黄沙 (huángshā) 황싸	황사
红霓 (hóngní) 홍니	무지개
天气预报 (tiānqìyùbào) 탠치위빠오	일기예보
阴天 (yīntiān) 인탠	흐림
晴天 (qíngtiān) 칭탠	맑음
冰 (bīng) 삥	얼다
潮湿 (cháoshī) 차오쓰	습하다
干燥 (gānzào) 깐자오	건조하다
冷 (lěng) 렁	춥다, 차다
惊快 (liángkuài) 량콰이	시원하다
暖和 (nuǎnhuo) 놘훠	따뜻하다
热 (rè) 러	덥다
晴 (qíng) 칭	개다, 맑다
雨季 (yǔjì) 위지	우기
节气 (jiéqi) 지에치	절기
高气压 (gāoqìyā) 까오치야	고기압
低气压 (dīqìyā) 디치야	저기압
零下 (língxià) 링쌰	영하

气候 (qìhòu) 치허우	기후
温度 (wēndù) 원뚜	온도
摄氏 (shèshì) 써쓰	섭씨
零上 (língshàng) 링쌍	영상
零下 (língxià) 링쌰	영하
海滨 (hǎibīn) 하이삔	해변
岸 (àn) 안	물가, 강변
湖 (hú) 후	호수
山 (shān) 싼	산
溪谷 (xīgǔ) 씨구	계곡
地 (dì) 띠	땅
森林 (sēnlín) 썬린	삼림
风景 (fēngjǐng) 펑징	풍경
瀑布 (pùbù) 푸부	폭포
春天 (chūntiān) 춘탠	봄
夏天 (xiàtiān) 쌰탠	여름
秋天 (qiūtiān) 츄탠	가을
冬天 (dōngtiān) 뚱탠	겨울

이 책의 한글발음표기는 독자의 편의를 위하여 중국인 네이티브가
직접 현지발음에 가깝게 표기하였으므로 병음과는 약간의 차이가 있을 수 있습니다.

감수자 김련란

- 연변작가협회 이사
- 중국작가협회 회원
- 중국에서 방영된 첫 한국드라마 "사랑이 뭐길래" 번역
- 한국문학번역원의 번역지원으로 『나목』 등 8부 장편소설 번역
- 2010년 번역원 ID번역가 선정
- 현) 청도빈해대학동방언어학원 한국어학부 교수로 재직중

감수자 方昌植

- 중국 연변대학교 졸업
- 주요 번역서 - '관지', '지전', '화엄' 등

실시간 여행중국어

2판 4쇄 발행 2017년 4월 20일
엮은이 중국어교재연구원 | **감수자** 김련란 · 方昌植
펴낸이 윤다시 | **펴낸곳** 도서출판 예가
주소 서울시 영등포구 영신로 45길 2
전화 02)2633-5462 | **팩스** 02)2633-5463
이메일 yegabook@hanmail.net
블로그 http://blog.daum.net/yegabook | **등록번호** 제 8-216호
ISBN 978-89-7567-557-7   13720